lonely planet

CW01662515

ÉDIM[illegible]

EN QUELQUES JOURS

NEIL WILSON

Sommaire

Préparer son séjour

À l'occasion d'Edinburgh Military Tattoo (p. 25)

DOMHNALL DODS/SHUTTERSTOCK ©

Explorer Édimbourg 39

Vaut le détour

Carnet pratique 177

Coups de projecteur

Bienvenue à Édimbourg

Au pied de son château trônant sur un éperon rocheux, la capitale écossaise est l'une des plus belles villes du Royaume-Uni. Son riche patrimoine historique et architectural, omniprésent dans le dédale médiéval d'Old Town et, par-delà ses luxuriants jardins, dans l'élégance georgienne de New Town, est émaillé de bars animés, de restaurants créatifs et de boutiques raffinées.

Princes Street (p. 18)
DAVID IONUT/SHUTTERSTOCK ©

Les incontournables

MARCANDRELETOURNEUX/SHUTTERSTOCK ©

Château d'Édimbourg

Le premier site touristique d'Écosse. p. 42

SYAHIR RAHIM/SHUTTERSTOCK ©

Real Mary King's Close

Un monde oublié dans les entrailles de la ville. **p. 46**

National Museum of Scotland

Un concentré de culture écossaise. **p. 48**

ANTON_IVANOV/SHUTTERSTOCK ©

Palais de Holyroodhouse

La résidence édimbourgeoise de la famille royale. **p. 78**

Parlement écossais

Un magnifique exemple d'architecture contemporaine. **p. 80**

EN HAUT À GAUCHE : JENIFOTO/SHUTTERSTOCK © ; EN HAUT À DROITE : BRENDAN HOWARD/SHUTTERSTOCK © ARCHITECTE : ENRIC MIRALLES

À GAUCHE : DAVID RIDLEY/SHUTTERSTOCK © ; À DROITE : FABIO PAGANI/SHUTTERSTOCK ©

Scottish National Portrait Gallery

Une encyclopédie illustrée des Écossais célèbres ! **p. 92**

Princes Street Gardens

Oasis verdoyante en plein cœur de la ville. **p. 94**

Scottish National Gallery of Modern Art

Des chefs-d'œuvre de l'art moderne et contemporain. **p. 120**

Royal Botanic Garden

Un havre de végétation exhubérante. **p. 134**

À GAUCHE : /PHOTOFIRES/SHUTTERSTOCK © ; À DROITE : PRETTYAWESOME/SHUTTERSTOCK ©

À GAUCHE : KOAH/SHUTTERSTOCK © ; À DROITE : ANTON_IVANOV/SHUTTERSTOCK ©

Royal Yacht Britannia

L'ancien palais flottant de la famille royale. **p. 148**

Rosslyn Chapel

Mystère médiéval sculpté dans la pierre. **p. 174**

Se restaurer

La scène culinaire édimbourgeoise a radicalement changé ces 20 dernières années. Auparavant, s'offrir un repas un peu sophistiqué à Édimbourg consistait à se rendre à l'Aberdeen Angus Steak House pour manger un cocktail de crevettes, suivi d'un steak (trop cuit) avec des frites puis d'une part de forêt-noire. Aujourd'hui, le centre-ville compte plus de restaurants par habitant que toute autre ville du Royaume-Uni, et quelques tables étoilées au Michelin.

Le terroir à l'honneur

L'Écosse n'a jamais brillé par sa cuisine. Entre le haggis, le porridge et les barres chocolatées en beignet, elle a même été tournée en ridicule. Toutefois, depuis le début du XXIe siècle, des chefs accommodent les meilleurs produits du terroir – gibier des Highlands, bœuf Aberdeen Angus, produits de la mer, légumes-racines, framboises, fromages de l'Ayrshire – avec simplicité pour en souligner les saveurs naturelles.

Haggis

La recette du plat national (en photo) n'est pas très alléchante : poumons, cœur et foie de mouton finement hachés, mélangés avec de l'avoine et de l'oignon, le tout servi dans la panse de l'animal. Pourtant, c'est un mets savoureux, et nombre de restaurants le proposent sur leur carte, que ce soit dans une version traditionnelle, accompagnée de purée de pommes de terre et de navets, ou dans une recette revisitée, par exemple enveloppé de pâte filo.

Écossais moderne

Condita Cette adresse de Southside mérite bien son étoile au Michelin (p. 166)

Timberyard Une carte de saison, élaborée à partir de produits issus de méthodes d'élevage et de culture artisanales. (p. 123)

Lookout Le meilleur du terroir écossais et une vue époustouflante. (p. 105)

PAUL_BRIGHTON/SHUTTERSTOCK ©

Écossais traditionnel

Amber De nombreux plats au whisky, sur le site de la Scotch Whisky Experience. (p. 67)

McKirdy's Steakhouse Cadre convivial et bœuf écossais de premier choix, préparé simplement. (p. 124)

Witchery by the Castle Superbe décor gothique, viande et produits de la mer excellents, et belle carte des vins. (p. 66)

Cannonball Restaurant Plats classiques (haggis, steak et homard) et vue sur le château. (p. 63)

Poisson

Ondine Salle superbe et poissons issus de la pêche durable au menu. (p. 63)

Fishers Bistro Une institution locale, avec le homard de North Berwick parmi ses spécialités. (p. 154)

Fishmarket Un restaurant et traiteur sur le port, avec le meilleur *fish and chips* de la ville. (p. 153)

Végétarien

David Bann Chic et sophistiqué, avec une approche inventive de la cuisine veggie. (p. 67)

Kalpna Restaurant indien réputé pour son buffet à volonté du midi. (p. 168)

Holy Cow Plats et burgers végétariens d'un excellent rapport qualité/prix. (p. 111)

À savoir

- Réservez tôt votre table dans les grands restaurants.
- L'*Edinburgh & Glasgow Eating & Drinking Guide* (food.list.co.uk) passe en revue les restaurants, cafés et bars.
- Pour trouver une table libre le soir même, tentez votre chance sur www.5pm.co.uk.

Édimbourg dans l'assiette

Cullen skink

Des pommes de terre bouillies sont ajoutées dans le lait avec les oignons ; le haddock est émietté dessus à la fin.

Les oignons sont hachés et dorés dans du beurre ; on verse ensuite dessus le lait dans lequel le haddock a cuit.

On peut remplacer les oignons par des poireaux, et le lait par de la crème, et ajouter des herbes.

La base de cette soupe est du lait, dans lequel on fait pocher du haddock avant de le retirer.

AS FOOD STUDIO/SHUTTERSTOCK ©

★ Les meilleures adresses pour se régaler de Cullen skink

Scottish Cafe & Restaurant (p. 110). Les baies vitrées de ce beau restaurant moderne donnent sur les Princes Street Gardens.

Amber (p. 67). Pour chacun des plats, surprenants, savoureux et préparés avec d'excellents produits du terroir, un whisky spécialement sélectionné vous sera proposé.

Museum Brasserie (p. 49). Dans le bâtiment victorien du National Museum of Scotland, cette adresse sert aussi de bons déjeuners : burgers de bœuf écossais, *fish and chips* et spécialités comme les saucisses de chevreuil sauce gravy.

N° 1 The Grange (p. 167). Des classiques très populaires sont à l'honneur sur la carte de ce pub gastronomique de quartier accueillant.

Aux origines du Cullen skink

Cullen est un vieux port de pêche situé sur la côte nord-est et "*skink*" est un terme qui signifie "soupe" en scots. Le *Cullen skink* est une délicieuse soupe à base de haddock, de pommes de terre, d'oignons, de beurre et de lait que l'on sert généralement avec du pain croustillant et du beurre. Depuis les années 1990, cette spécialité régionale s'est imposée dans les restaurants d'Édimbourg. Les chefs la revisitent en ajoutant de la crème, des poireaux, du vin blanc, des herbes...

Cullen skink

ANNA SHILONOSOVA/SHUTTERSTOCK ©

Prendre un verre

Édimbourg compte plus de 700 pubs – soit davantage au kilomètre carré que n'importe quelle autre ville britannique ! –, tous dotés d'une forte personnalité, à l'image de leur clientèle. Le choix est vaste, entre palais victoriens, bars élégants où prendre un verre avant une soirée en discothèque, tavernes spécialisées dans la bière artisanale, bars à cocktails tendance…

WILL SALTER/LONELY PLANET ©

Bières locales

À la fin du XIXe siècle, Édimbourg était un centre brassicole aussi important que Munich, Pilsen et Burton-on-Trent, avec pas moins de 35 brasseries. Aujourd'hui, outre les deux grandes brasseries de la ville – Caledonian (créatrice de Deuchars IPA) et Stewart Brewing (productrice de l'Edinburgh Gold) –, il existe un nombre croissant de microbrasseries ou brasseries artisanales.

Traditionnel ou tendance ?

À l'une des extrémités de l'offre édimbourgeoise, il y a le pub traditionnel du XIXe siècle qui a conservé sa décoration victorienne d'époque, et qui sert généralement des ales authentiques, des bières artisanales et des whiskies de malt. À l'autre extrémité se trouve le bar à cocktails tendance au design ultramoderne, qui attire une clientèle branchée.

Horaires

Les pubs ouvrent en général de 11h à 23h du lundi au samedi, et de 12h30 à 23h le dimanche. Beaucoup ferment à minuit ou 1h le vendredi et le samedi. Ceux avec une licence pour la musique peuvent ouvrir jusqu'à 3h.

Pubs historiques

Bennet's Bar Pub de quartier avec de charmants éléments victoriens. (p. 169)

Café Royal Circle Bar Un joyau victorien dans le centre-ville, célèbre pour ses portraits en céramique de Doulton. (p. 111)

T.W. VAN URK/SHUTTERSTOCK ©

Sheep Heid Inn Taverne semi-rurale à l'ombre d'Arthur's Seat, considérée comme le plus vieux pub d'Édimbourg. (p. 88)

Guildford Arms Avec son décor tout de cuivre et d'acajou poli, on se croirait à une autre époque. (p. 112)

Bières artisanales

Brauhaus Un grand choix de bières du monde entier dans un bar minuscule. (p. 170)

Blue Blazer Pub résolument rétro servant un bon choix de bières écossaises. (p. 127)

Auld Hoose Excellent jukebox et vaste sélection de bières de microbrasseries écossaises. (p. 170)

Bars à cocktails

Bramble Les meilleurs cocktails de la ville, servis dans une cave pittoresque. (p. 112)

Tigerlily Des cocktails ultracolorés, à l'image du décor. (p. 113)

Lucky Liquor Co Petit bar très apprécié pour ses cocktails pleins d'inventivité. (p. 111)

Bars à whiskies

The Bow Bar Grand choix de whiskies de malt dans le secteur animé de Grassmarket. (p. 69)

The Malt Shovel Un pub rétro (photo ci-dessus) proposant plus de 100 whiskies single malt. (p. 71)

The Last Word Saloon Une offre limitée et excellente. (p. 141)

À savoir

- Pour connaître l'actualité des concerts dans les pubs, consultez le site Internet ou la newsletter mensuelle du Gig Guide (www.gigguide.co.uk).

- Pour échapper à la foule du vendredi et du samedi soir, évitez les quartiers de Grassmarket, Cowgate et Lothian Road.

Édimbourg dans les verres

Whisky

★ Pour en savoir plus sur le whisky

Scotch Whisky Experience (p. 58). Ce centre multimédia interactif présente la fabrication de la boisson nationale écossaise de A à Z.

Holyrood Distillery (p. 87) La première distillerie de la ville à avoir vu le jour depuis 1925.

Royal Mile Whiskies (p. 73) Le personnel connaisseur de cette vieille boutique vous aidera à choisir une bouteille.

SJ TRAVEL PHOTO AND VIDEO/SHUTTERSTOCK ©

Le whisky à Édimbourg

Constitué d'orge maltée, d'eau et de levure, le whisky est la boisson écossaise par excellence. Avant l'ouverture de la Holyrood Distillery en 2019, il n'y avait plus aucune distillerie en service à Édimbourg depuis 1925. Jadis pourtant, Leith, le port de la ville, était un grand centre de l'industrie du whisky. On y trouvait une douzaine de distilleries et des entrepôts où le whisky vieillissait.

Single malt écossais

BARMALINI/SHUTTERSTOCK ©

Shopping

Ne vous arrêtez pas aux grandes enseignes de Princes Street. Édimbourg a bien plus à offrir ! On y trouve des boutiques de créateurs, des bijouteries artisanales, des librairies indépendantes, des épiceries fines, des marchés de producteurs... Les achats-souvenirs les plus populaires sont les articles en cachemire, en Harris Tweed ou en tartan, les bijoux celtiques, le saumon fumé et le whisky écossais.

Princes Street

Cette artère emblématique de la ville réunit de grandes enseignes comme Marks & Spencer, Debenhams et Apple Store. Des boutiques de créateurs bordent George Street, au nord, et on trouve des petites adresses spécialisées dans Rose Street et Thistle Street. Citons encore deux grands centres commerciaux – Princes Mall, à l'extrémité est de Princes Street, et le nouveau St James Quarter, en haut de Leith Street –, ainsi que Multrees Walk, une galerie de commerces de créateurs, comme Harvey Nichols, du côté est de St Andrew Square.

Autres quartiers

South Bridge, Nicolson Street et Lothian Road sont d'autres rues commerçantes du centre. Pour trouver des articles plus originaux – mode, musique, artisanat et bijoux –, allez dans Cockburn Street, Victoria Street et St Mary's Street, des rues perpendiculaires au Royal Mile, ainsi que dans William Street (West End) ou Raeburn Place et St Stephen's Street (Stockbridge). Ocean Terminal (Leith) est un grand complexe commercial et de loisirs.

Grands magasins

Jenners Une institution d'Édimbourg offrant un vaste choix d'articles de qualité. (p. 117)

Harvey Nichols Quatre étages de marques, avec des prix donnant le vertige. (p. 117)

John Lewis Enseigne axée sur la qualité des produits et du service. (p. 117)

CHRISTIAN MUELLER/SHUTTERSTOCK ©

Tartan

Kinloch Anderson Fabrique les costumes et kilts de la famille royale ! (p. 158)

Geoffrey (Tailor) Inc Kilts variés, aux couleurs des clans écossais comme des clubs de foot. (p. 74)

Jenners Admirez les articles en tartan et tweed dans le grand hall. (p. 117)

Marchés

Edinburgh Farmers Market Le samedi, produits écossais frais à gogo (p. 127 ; photo).

Stockbridge Market Ce marché dominical éclectique attire tout le quartier. (p. 143)

The Pitt Cuisine de rue. (p. 155)

Bijoux

Galerie Mirages Elle est connue pour ses bijoux traditionnels et modernes, en argent, en ambre et en pierres précieuses. (p. 145)

Alchemia Pièces originales et bijoux sur commande. (p. 116)

Annie Smith Créatrice réputée pour ses pièces délicates inspirées de la nature. (p. 145)

Livres

Lighthouse Une librairie engagée, avec un riche fonds d'ouvrages politiques, gays et féministes. (p. 172)

McNaughtan's Bookshop Livres anciens et d'occasion – histoire, art et architecture. (p. 117)

Golden Hare Books Élue en 2019 "Librairie Indépendante de l'année" (p. 143)

À savoir

- Depuis le 1er Janvier 2021, les ressortissants de l'UE et des autres pays ne peuvent plus prétendre au remboursement de la TVA sur leurs achats.
- De nombreux magasins du centre-ville restent ouverts jusqu'à 19h ou 20h le jeudi.

Souvenirs d'Édimbourg

NATALIYA HORA/SHUTTERSTOCK ©

Whisky écossais

Vous trouverez sans doute un single malt à votre goût au Royal Mile Whiskies (p. 73) – le personnel est incollable sur le whisky écossais !

TAMUT/SHUTTERSTOCK ©

Articles en tartan

Démodé, le tartan ? Il fait au contraire son retour ! Jenners (p. 117) propose foulards, sacs et autres accessoires aux couleurs des divers clans écossais.

WEHO/SHUTTERSTOCK ©

Cachemire

L'Écosse est depuis longtemps réputée pour ses articles en cachemire de qualité. Harvey Nichols (p. 117) vend des foulards de luxe Johnstons of Elgin.

MARION CARNIEL/SHUTTERSTOCK ©

Harris Tweed

Avec ses couleurs évoquant la bruyère des collines écossaises, le tweed a conquis le monde de la mode. Ragamuffin (p. 73) offre un superbe choix de vêtements.

LENSCAP PHOTOGRAPHY/SHUTTERSTOCK ©

Bijoux celtiques

Perre (p. 116) vend des boucles d'oreille, des colliers et des broches en argent, dont les motifs rappellent ceux gravés sur les vieilles pierres écossaises.

Musées et galeries

Sans surprise, la capitale écossaise rassemble quelques-uns des musées les plus importants du pays. Vous pourrez admirer les œuvres de grands maîtres comme Titien et Turner à la Scottish National Gallery, approfondir vos connaissances sur le patrimoine écossais au National Museum of Scotland, mais aussi découvrir des collections moins connues.

Événements spéciaux

Plusieurs grandes institutions de la ville organisent des événements spéciaux et des visites après la fermeture. Le National Museum of Scotland propose tout au long de l'année des concerts, des conférences et des visites en coulisses dans le cadre des Museum After Hours. La National Gallery of Scotland et le National Portrait Gallery accueillent des spectacles musicaux, des débats à visée éducative et des cours d'art. Pour plus de détails, consultez les sites Web des musées, aux rubriques *What's On* ou bien *Events*.

Horaires et tarifs

Les collections nationales (National Museum of Scotland, Scottish National Gallery, Scottish National Portrait Gallery et Scottish National Gallery of Modern Art) et les musées de la ville d'Édimbourg (Museum of Edinburgh, City Art Centre...) sont gratuits, à l'exception des expositions temporaires. L'entrée de la plupart des galeries privées est libre, tandis que les petits musées sont souvent payants (5 £ environ ; certains proposent des réductions pour les réservations en ligne). Les collections nationales sont ouvertes de 10h à 17h ; la Scottish National Gallery joue les prolongations jusqu'à 19h le jeudi.

Collections d'art

National Museum of Scotland Dans un cadre

CLIVEWA/SHUTTERSTOCK ©

splendide, des collections sur l'histoire de l'Écosse, la nature, les arts, l'ingénierie... (p. 48)

Scottish National Portrait Gallery Très intéressant, et plus encore depuis sa rénovation ! (p. 92)

Scottish National Gallery Grands maîtres européens et artistes écossais. (p. 102)

Scottish National Gallery of Modern Art Avec des œuvres des coloristes écossais, ainsi que d'Eduardo Paolozzi et de Barbara Hepworth. (p. 120)

Petits musées

Museum of Edinburgh Pour parcourir la ville de l'âge de la pierre à nos jours. (p. 58)

Surgeons' Hall Museums Pour découvrir l'histoire de la chirurgie en Écosse. (p. 164)

Writers' Museum Pour tout connaître sur Robert Burns, sir Walter Scott et Robert Louis Stevenson ! (p. 60)

Monuments

Scottish National Portrait Gallery Un splendide palais (photo) vénitien néogothique garni de sculptures d'Écossais illustres. (p. 92)

National Museum of Scotland La réunion d'un bâtiment victorien et d'une superbe extension moderne en grès. (p. 48)

Museum of Edinburgh Dans une demeure du XVIe siècle richement décorée dans des tons rouge et ocre. (p. 58)

Musées et cafés

- Les collections nationales publient des brochures dans lesquelles sont suggérés des parcours pour vous guider parmi leurs pièces maîtresses.
- Tous les grands musées abritent de bons restaurants ou cafés, qui méritent souvent à eux seuls la visite.

Fêtes et festivals

Édimbourg est l'une des villes les plus festives du monde ! Elle affiche un agenda chargé de festivals aux thèmes variés : science, cinéma, fanfares militaires... Le mois d'août est le point d'orgue de la saison : une demi-douzaine de manifestations – dont l'Edinburgh International Festival et le Fringe, plus énormes l'un que l'autre – se déroulent en même temps. Le mois de décembre n'est pas en reste, avec les fêtes de Noël et du Nouvel An (Hogmanay).

Edinburgh International Festival

Né en 1947 pour fêter le retour à la paix après la Seconde Guerre mondiale, ce festival cumule les superlatifs : il est le plus ancien, le plus grand, le plus célèbre et le meilleur festival de la planète ! Il dure 3 semaines et se termine le 1er samedi de septembre ; le programme est disponible dès avril. Les billets se vendant comme des petits pains, mieux vaut s'y prendre le plus tôt possible.

Edinburgh Festival Fringe

Lors de la première édition de l'Edinburgh International Festival, huit compagnies de théâtre ne purent s'intégrer à la programmation. Elles décidèrent alors de se regrouper et organisèrent leur festival en marge (*fringe* en anglais) du grand ; ainsi naquit une autre institution. Le Fringe se déroule sur 3 semaines et demie ; les deux dernières chevauchent l'International Festival.

Comptez au moins 15 à 20 £ pour voir une troupe de renom, mais il y a aussi d'excellentes pièces avec des billets entre 5 et 15 £, et beaucoup sont gratuites.

Festivals

Edinburgh International Science Festival (avril). Une fête de la science, avec toutes sortes de manifestations inspirantes et stimulantes (conférences, expos, visites guidées).

Imaginate Festival (mai). Le plus grand festival britannique des arts de la scène pour les enfants. Spectacles pour un public de 3 à 12 ans. Des troupes du monde entier interprètent des classiques, comme *Hansel et Gretel*, et des créations.

JAN KRANENDONK/SHUTTERSTOCK ©

Edinburgh International Film Festival (juin). Un grand festival international sur 2 semaines, avec les derniers films britanniques et européens, et des avant-premières européennes de *blockbusters* hollywoodiens.

Edinburgh International Festival (août). Rassemble des centaines de musiciens et d'artistes du monde entier, qui offrent durant 3 semaines des représentations variées (musique, opéra, théâtre et danse).

Edinburgh Festival Fringe (août). Le plus grand des festivals des arts de la scène du monde ! (photo).

Edinburgh Military Tattoo (août). Un déploiement spectaculaire de fanfares militaires, d'acrobates, de majorettes... Avec, pour toile de fond, le château illuminé.

Edinburgh International Book Festival (août). Une quinzaine de lectures, de débats, de conférences, de séances de dédicaces et de rencontres avec des écrivains.

Fêtes

Burns Night (25 jan). La "fête nationale" de l'Écosse, qui commémore la vie et l'œuvre du poète Robert Burns (1759-1796).

Beltane (avril/mai). Célébrée au sommet de Calton Hill, cette fête païenne marque la fin de l'hiver.

Royal Highland Show (fin juin). Foire agricole sur 4 jours avec courses de tracteurs et tonte de moutons.

Edinburgh's Christmas (décembre). Parade de Noël, fête foraine, grande roue et patinoire en plein air dans les Princes Street Gardens.

Edinburgh's Hogmanay (29 déc-1er jan). Retraite aux flambeaux et immense fête de rue.

À savoir

L'excellent site **The List** (list.co.uk) répertorie toutes les manifestations culturelles d'Édimbourg. Son bimensuel gratuit est disponible chez les marchands de journaux.

Architecture

La beauté singulière d'Édimbourg tient à son emplacement hors du commun (la ville est perchée au cœur de collines rocheuses) et à son architecture raffinée qui couvre une période allant du XVIe siècle à nos jours. New Town constitue un admirable exemple d'architecture et d'urbanisme georgiens, remarquablement conservé. Elle a été classée, avec Old Town, au patrimoine mondial de l'Unesco.

Old Town

La vieille ville abrite la plus importante concentration d'édifices du XVIIe siècle du Royaume-Uni – ces immeubles de 6 à 8 étages figuraient jadis parmi les plus hauts du pays. On peut découvrir l'intérieur d'époque de ce type de logement en visitant Gladstone's Land (p. 59) et la John Knox House (p. 60).

Splendeur georgienne

Robert Adam (1728-1792) laissa son empreinte dans la ville avec des chefs-d'œuvre néoclassiques comme Charlotte Square (p. 102) et l'Old College de l'université. La Georgian House (p. 102) témoigne de l'élégance des intérieurs qu'ils concevaient.

Chef-d'œuvre moderne

Le plan de New Town résulte d'un concours remporté par James Craig, architecte autodidacte de 23 ans alors inconnu. À la fin du XXe siècle, un autre concours désigna Enric Miralles, aussi méconnu, comme celui qui concevrait le nouveau Parlement écossais (p. 80). Si l'édifice a suscité de vives polémiques, il a remporté en 2005 le prix Stirling, qui récompense le plus beau nouveau bâtiment du Royaume-Uni, redynamisant au passage l'ancienne zone industrielle, aux trois quarts délabrée, située au bas du Royal Mile.

Architectures moderne et contemporaine

Parlement écossais
L'exemple d'architecture

ARCHITECTE : ENRIC MIRALLES ; BRENDAN HOWARD/SHUTTERSTOCK ©

contemporaine le plus spectaculaire d'Écosse. (p. 80 ; photo)

National Museum of Scotland Les lignes de grès du musée évoquent des châteaux, églises, jardins et falaises (p. 48)

Scottish Poetry Library Ingénieusement intégrée dans une étroite ruelle d'Old Town. (p. 87)

Front Range Les serres du Royal Botanic Garden sont de toute beauté. (p. 135)

Royal Scottish Academy Ce temple dorique imposant domine le centre de Princes Street (p. 102)

Dundas House Le grand hall de cette superbe demeure palladienne, qui abrite une banque, possède un dôme spectaculaire. (p. 105)

Styles antérieurs

Parliament Hall Ce grandiose édifice du XVIIe siècle abrita jadis le Parlement écossais. (p. 63)

Monuments commémoratifs

Scott Monument Une flèche gothique dans les Princes Street Gardens, en hommage à l'écrivain Walter Scott. (p. 95)

Nelson Monument Une tour effilée au sommet de Calton Hill, commémorant la victoire de Nelson à Trafalgar en 1805. (p. 104)

National Monument Folie inachevée coiffant Calton Hill aux airs de temple grec. (p. 104)

Architecture néoclassique

Charlotte Square La façade signée Adam est le joyau architectural de New Town. (p. 102)

Visites architecturales

- Le site www.edinburgharchitecture.co.uk fournit des infos utiles sur les projets en cours et les visites architecturales guidées.

Panoramas

JONATHAN SMITH/LONELY PLANET ©

Édimbourg est environnée de collines rocheuses donnant sur la mer, et un simple coup d'œil aux cartes postales des boutiques de souvenirs permet de mesurer la beauté de ses nombreux panoramas. Aussi, prenez le temps d'en explorer les hauteurs ! Cela fait partie des grands plaisirs d'un séjour à Édimbourg.

Belvédères naturels

Arthur's Seat Vue panoramique depuis le point culminant d'Édimbourg. (p. 85 ; photo)

Calton Hill L'"Acropole" d'Édimbourg offre une vue magnifique sur Princes Street. (p. 103)

Blackford Hill Depuis cette colline escarpée, la vue sur Castle Rock et Arthur's Seat est magnifique. (p. 166)

Royal Botanic Garden Installé sur une éminence au nord du centre-ville, ce jardin botanique offre une vue panoramique sur le château d'Édimbourg. (p. 134)

Monuments avec vue

Scott Monument Gravissez les 287 marches de cette flèche gothique pour profiter de la vue sur les Princes Street Gardens. (p. 95)

Camera Obscura Une tour panoramique dévoilant une vue exceptionnelle sur le Royal Mile. (p. 58)

Esplanade du château Vue imprenable sur New Town, au nord, et jusqu'aux Pentland Hills, au sud. (p. 43)

National Museum of Scotland Un ascenseur mène à la terrasse sur le toit, d'où la vue sur la ville et les remparts du château est splendide. (p. 48)

Restaurants avec vue

Lookout En haut de Calton Hill, il est réputé pour sa vue époustouflante. (p. 105)

Maxie's Bistro Le panorama depuis les tables de la terrasse embrasse Victoria Street et Grassmarket. (p. 68)

Scottish Cafe & Restaurant Les tables en vitrine bénéficient d'une jolie vue sur les Princes Street Gardens. (p. 110)

Fishmarket Depuis la terrasse, on peut voir le port de Newhaven et les ponts sur l'estuaire du Forth. (Firth of Forth ; p. 153)

Royal Deck Tea Room Le pont supérieur du Royal Yacht *Britannia* donne sur l'estuaire du Forth et les collines du Fife. (p. 149)

Avec des enfants

Édimbourg est une ville très riche en attractions pour les plus jeunes, et la plupart des choses à voir ou à faire leur plairont. Pendant l'Edinburgh International Festival et le Fringe, de nombreux spectacles de rue leur sont destinés, surtout dans High Street et au pied du Mound. En décembre, une grande roue, une patinoire en plein air et des manèges investissent les Princes Street Gardens.

LOU ARMOR/SHUTTERSTOCK ©

Visites

Château d'Édimbourg Demandez le parcours pour enfants à la billetterie pour une chasse au trésor dans le château. (p. 42)

Zoo d'Édimbourg Pandas géants, chimpanzés dans des enclos interactifs, manchots... (p. 104 ; photo)

Our Dynamic Earth Un tas de choses épatantes, du simulateur de tremblements de terre aux (vrais) icebergs ! (p. 86)

Camera Obscura Des expositions sur les illusions d'optique, les tours de magie, l'électricité, les hologrammes... (p. 58)

Real Mary King's Close Les plus grands joueront à se faire peur et raffoleront des histoires de fantômes. Entrée interdite aux moins de 5 ans. (p. 46)

Scott Monument Un escalier étroit, de drôles de sculptures à observer et une belle vue au sommet. (p. 95)

Royal Yacht Britannia Les enfants adorent explorer les ponts, la salle de contrôle et celle des machines. (p. 148)

Musées

National Museum of Scotland De nombreuses activités interactives et des parcours avec une brochure à compléter. (p. 48)

Scottish National Gallery of Modern Art Son parc est un formidable terrain d'exploration où il s'agit de repérer les sculptures ! (p. 120)

Voyager avec des enfants

- Le guide pratique *Edinburgh for Under Fives* est disponible en ligne (efuf.co.uk) et en version papier. Également : list.co.uk/kids.

- Jusqu'à deux enfants de moins de 5 ans peuvent voyager gratuitement dans les bus avec leurs parents. Demi-tarif pour les 5-15 ans.

Circuits organisés

JAUME/SHUTTERSTOCK ©

Visites guidées

City of the Dead Tours (☎0131-225 9044 ; www.cityofthedeadtours.com ; 26a Candlemaker Row, EH1 2QE ; tarif plein/réduit 14/10 £ ; ⏰21h Pâques-oct, 20h30 mar et jeu-sam nov-Pâques). Leur visite du cimetière de Greyfriars est sans doute la plus effrayante des visites "fantômes" d'Édimbourg.

Edinburgh Literary Pub Tour (www.edinburghliterarypubtour.co.uk ; Beehive Inn, Grassmarket, EH1 2JU ; tarif plein/étudiant 16/14 £ ; ⏰19h30 tlj mai-sept, jours limités oct-avr). Une balade instructive de 2 heures à travers l'histoire littéraire d'Édimbourg – et ses *howffs* (tavernes).

Mercat Tours (☎0131-225 5445 ; www.mercattours.com ; Mercat Cross, EH1 1RF ; tarif plein/enfant 16/11 £ ; ⏰10h-21h30 ; 🚌35). Fascinantes promenades historiques et circuits "Fantômes et goules".

Cadies & Witchery Tours (☎0131-225 6745 ; www.witcherytours.com ; 84 West Bow, EH1 2HH ; tarif plein/enfant 10/7,50 £ ; ⏰19h tte l'année, plus 21h avr-sept ; 🚌2). Des acteurs costumés surgissant à l'improviste font visiter les coins sombres d'Old Town dans le cadre du circuit "Meurtres et mystères".

Rebus Tours (☎0131-553 7473 ; www.rebustours.com ; Royal Oak, Infirmary St, EH1 1LT ; 20 £/pers ; ⏰12h sam). Visites de l'"Édimbourg secret" du détective John Rebus, le héros des romans de Ian Rankin.

Invisible (Edinburgh) (☎07500-773709 ; invisible-cities.org/cities/edinburgh ; 12 £/pers). Des personnes sans domicile fixe vous guident au cours de visites intitulées : "Crimes et châtiments" ou "Femmes influentes".

Bus touristiques

Majestic Tour (edinburghtour.com/majestic-tour/ ; St Andrew Sq, EH2 1BB ; tarif plein/enfant 16 £/gratuit ; ⏰tlj sauf 25 déc). Les bus (montées et descentes à volonté) vont toutes 15 à 20 minutes de St Andrew Square jusqu'au Royal Yacht *Britannia* en passant par New Town, le Royal Botanic Garden et Newhave – retour via Leith Walk, Holyrood et le Royal Mile.

Promenades en bateau

3 Bridges Tour (edinburghtour.com/3-bridges-tour ; tarif plein/enfant 25/12 £ ; ⏰départs 10h et 12h ven-dim). Ce circuit d'une demi-journée débute par un trajet en bus de St Andrew Square à South Queensferry. La balade passe sous les trois ponts de l'estuaire du Forth pour aller jusqu'à Inchcolm Island afin d'observer les phoques.

Activités

Si vous êtes en manque d'exercice physique, vous aurez de quoi faire à Édimbourg. Marchez jusqu'à Holyrood Park ou au Hermitage of Braid, enfourchez votre vélo pour profiter du réseau de pistes cyclables ou adonnez-vous au golf sur l'un des 90 parcours proches de la ville !

AEYPIX/SHUTTERSTOCK ©

À pied

Arthur's Seat Gagnez le sommet pour une vue exceptionnelle. (p. 85 ; photo)

Holyrood Park Ce coin de nature sauvage au cœur de la ville invite à une bonne séance de running ! (p. 86)

Hermitage of Braid Belle vallée boisée pour une promenade champêtre. (p. 166)

À vélo

Water of Leith Walkway (www.waterofleith.org.uk/walkway). Ce sentier s'étire de la mer, à Leith, jusqu'aux Pentland Hills, au sud-ouest de la ville.

Innocent Railway Cette piste cyclable part du côté sud d'Arthur's Seat. Elle passe d'abord dans un tunnel, ensuite s'élance vers l'est jusqu'à Musselburgh (8 km), puis à Ormiston et à Pencaitland.

Golf

Leith Links C'est ici que les règles du golf furent officialisées, en 1744. (p. 151)

À savoir

- La **Scottish Rights of Way & Access Society** (☎0131-558 1222 ; www.scotways.com) fournit renseignements et conseils sur les chemins de randonnée et les droits de passage.
- Pour découvrir les terrains de golf d'Édimbourg, rendez-vous sur www.scottishgolfcourses.com.
- Biketrax loue différents types de vélos (p. 182).

Édimbourg en 4 jours

JONATHAN SMITH/LONELY PLANET ©

Commencez la journée (2 heures) au **château d'Édimbourg** (p. 42), puis descendez le Royal Mile, en vous arrêtant en chemin pour la visite – à réserver – du **Real Mary King's Close** (p. 46).

En bas du Mile, découvrez (1 heure) le **Parlement écossais** (p. 80), avant de traverser la rue pour gagner le **palais de Holyroodhouse** (p. 78). S'il fait beau, montez les escaliers de Calton Road, puis gravissez **Calton Hill** (p. 103) pour profiter d'une superbe vue sur la ville.

Avant ou après le dîner, offrez-vous une séance de frissons avec la visite "fantôme" du **Greyfriars Kirkyard** (p. 61 ; photo), avant de rejoindre le **Bongo Club** (p. 69) ou le **Cabaret Voltaire** (p. 69) pour une soirée un peu décalée.

ANTON_IVANOV/SHUTTERSTOCK ©

Faites de votre deuxième matinée un bouillon de culture, avec la découverte du **National Museum of Scotland** (p. 48 ; photo) et de la **Scottish National Gallery** (p. 102).

Gagnez le sommet du **Scott Monument** (p. 95) pour une vue panoramique, puis attrapez un bus dans Princes Street à destination de Leith pour monter à bord du **Royal Yacht Britannia** (p. 148), de préférence les deux dernières heures avant la fermeture.

Restez à Leith pour une pinte à **Teuchters Landing** (p. 158) ou un cocktail au **Roseleaf** (p. 157). Sinon, vous pouvez aussi rejoindre le centre-ville pour une excellente bière dans le cadre magnifique du **Café Royal Circle Bar** (p. 111).

Jour 3

GEORGECLERK/GETTY IMAGES ©

Entamez la journée par la **Scottish National Gallery of Modern Art** (p. 120), avant une balade sur le Water of Leith Walkway en direction de Stockbridge et un tour dans les boutiques de St Stephen's Street avant la pause-déjeuner.

Si c'est dimanche, arpentez les étals du **Stockbridge Market** (p. 143 ; photo), avant de rejoindre le **Royal Botanic Garden** (p. 134 ; photo), l'un des plus grands jardins botaniques du Royaume-Uni. Passez le reste de l'après-midi au milieu de ses serres, rocailles et sculptures.

Si vous avez réservé, allez voir un spectacle au **Royal Lyceum Theatre** (p. 129) ou au **Traverse Theatre** (p. 129). Sinon, plongez dans la tradition écossaise au **Ghillie Dhu** (p. 128) !

Jour 4

IORDANIS/SHUTTERSTOCK ©

Consacrez la matinée à percer les mystères de la **Rosslyn Chapel** (p. 174), une église du XVe siècle à la gloire de la franc-maçonnerie.

Regagnez le centre-ville pour un après-midi de shopping à New Town. Visitez ensuite la **Scottish National Portrait Gallery** (p. 92), qui relate l'histoire de l'Écosse à travers les portraits de personnalités éminentes. En début de soirée, une promenade dans les **Princes Street Gardens** (p. 94 ; photo) puis sur Leith Walk vous mènera jusqu'au **Joseph Pearce's** (p. 112) pour un gin tonic avant le dîner.

Finissez la journée par un concert de jazz au **Jazz Bar** (p. 72) ou un spectacle comique au **Stand Comedy Club** (p. 113).

Les basiques

Pour des informations détaillées, voir le *Carnet pratique* (p. 177)

Monnaie
Livre sterling (*pound*, £).

Langue
Anglais

Visa
Inutile pour un séjour de moins de 6 mois. Une carte d'identité ou un passeport valides suffisent. Le Royaume-Uni ne fait plus partie de l'UE.

Argent
DAB largement répandus. Principales cartes bancaires acceptées partout.

Téléphone portable
Réseau GSM 900/1800.

Heure locale
Heure GMT (+ GMT 1 heure fin mars-fin oct). Quand il est midi à Londres, il est 13h à Paris et 7h à Montréal.

Pourboire
Prévoir 10 à 15 % de la note, sauf si le service est inclus.

Budget quotidien

Moins de 50 £

Lit en dortoir : 15-30 £

Plat du jour ou repas sur les marchés : 5-10 £

De nombreux musées et galeries sont gratuits.

De 50 à 150 £

Chambre double : 80-100 £

Dîner 2 plats avec verre de vin : 40 £

Concert dans un pub : gratuit-10 £

Plus de 150 £

Chambre double dans un boutique-hôtel ou un 4-étoiles : 175-300 £

Dîner de 3 plats, vin compris, dans un grand restaurant : 70-120 £

Traversée de la ville en taxi : 15 £

À prévoir

Six mois à l'avance Réservez votre hébergement pendant la période des festivals, en août. Réservez une table au restaurant Witchery by the Castle (p. 66).

Deux mois à l'avance Réservez un hôtel ou un B&B, une table dans un restaurant réputé, une voiture de location.

Un mois à l'avance Achetez vos billets en ligne pour le château d'Édimbourg (p. 42) ; consultez le programme des spectacles et réservez vos places.

Arriver à Édimbourg

La plupart des visiteurs arrivent à l'aéroport (edinburghairport.com), situé à 10 km environ à l'ouest du centre-ville, ou à la gare ferroviaire de Waverley, en plein cœur de la ville, entre Old Town et New Town.

Depuis l'aéroport

Les bus n° 100 d'Airlink font la navette entre l'aéroport et South St David Street (ttes les 12 min 4h-1h, ttes les 30 min la nuit). Les trams relient l'aéroport au centre-ville (33 min, ttes les 6-8 min 6h15-22h45). En taxi, comptez 30 minutes environ entre l'aéroport et le centre d'Édimbourg.

Depuis la gare de Waverley

La gare ferroviaire est à quelques pas de Princes Street, d'où des bus partent vers tous les coins de la ville ; vous trouverez aussi une station de taxis sur place.

Comment circuler

Bus

Le meilleur moyen de rejoindre le centre depuis la banlieue et de circuler entre le Nord et le Sud. Les bus se retrouvent parfois coincés dans les bouchons aux heures de pointe, malgré la présence de couloirs dédiés.

Tramway

Tramways rapides et fréquents entre l'aéroport et York Place, à l'est du centre, via le Murrayfield Stadium, Haymarket, le West End et Princes Street.

Taxi

Idéal pour un trajet de nuit ; peut revenir cher.

Vélo

Louez un vélo et filez vers la campagne le long du Water of Leith Walkway ou de l'Union Canal !

MAX BLINKHORN/GETTY IMAGES ©

Les quartiers d'Édimbourg

Stockbridge (p. 133)
Cet ancien village a conservé un caractère singulier. On y trouve des boutiques élégantes et originales, et un bon choix de pubs et de restaurants.

New Town (p. 91)
Des demeures georgiennes, des boutiques de créateurs, des bars à vins ou à cocktails, les Princes Street Gardens et le panorama superbe de Calton Hill.

West End et Dean Village (p. 119)
Élégante architecture georgienne et magasins haut de gamme dans le West End, d'où l'on rejoint le pittoresque Dean Village, par-delà la vallée boisée de la Water of Leith.

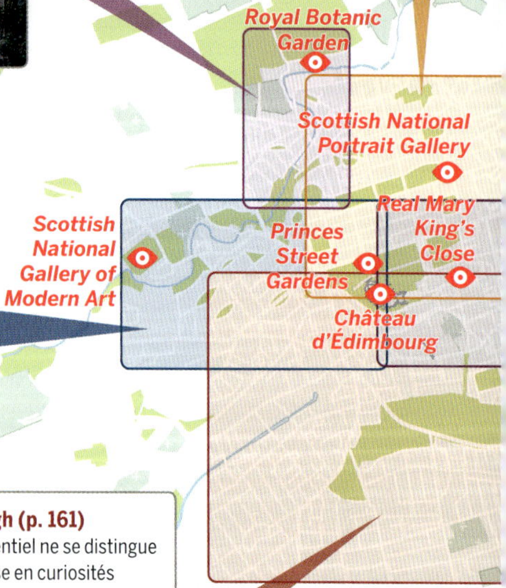

South Edinburgh (p. 161)
Ce quartier résidentiel ne se distingue pas par sa richesse en curiosités touristiques. Mais on y trouve de nombreux bons pubs et restaurants, et il est agréable de flâner dans ses rues bordées d'immeubles victoriens et de grandes villas avec jardin.

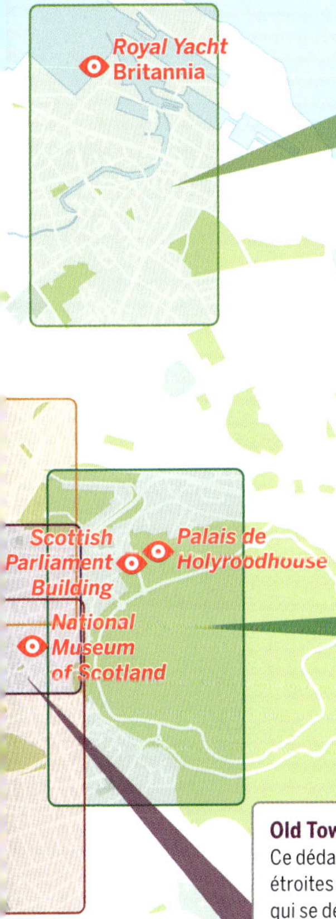

Leith (p. 147)

Rénové, le quartier des docks réunit des restaurants, des bars et l'énorme centre commercial Ocean Terminal, qui abrite le Royal Yacht *Britannia*.

Holyrood et Arthur's Seat (p. 77)

Au pied du Royal Mile, le quartier du Parlement écossais et du palais de Holyroodhouse sert de porte d'accès au relief verdoyant d'Arthur's Seat.

Old Town (p. 41)

Ce dédale de venelles étroites et de rues pavées qui se déploie le long du Royal Mile abrite les principaux sites historiques de la ville, dont le château d'Édimbourg.

Explorer Édimbourg

Vaut le détour

Promenades à pied

Joueur de cornemuse devant le château d'Édimbourg (p. 42)

WILL SALTER/LONELY PLANET ©

VENUE 40
Mon - Sat
8.30 am -
6.30 pm
ay at machine
Display ticket
x stay 4 hours
pink
DemiJohn
THE
WHISKY
SHOP

Explorer
Old Town

La vieille ville d'Édimbourg forme un dédale de passages, d'escaliers et de venelles ponctués de bâtiments historiques qui se déploie autour du Royal Mile, la grande artère pavée reliant le château d'Édimbourg au palais de Holyroodhouse. Les habitants y sont de plus en plus rares, tandis que bon nombre des logements accueillent aujourd'hui principalement des locations de courte durée, et que les cafés, restaurants, bars, auberges de jeunesse et boutiques de souvenirs abondent.

Notre sélection

- ***Château d'Édimbourg (p. 42)***. *Une forteresse abritant musées, armes et joyaux de la Couronne.*
- ***Real Mary King's Close (p. 46)***. *Une ruelle médiévale souterraine condamnée au XVIIIe siècle, à découvrir dans le cadre d'une visite guidée.*
- ***National Museum of Scotland (p. 48)***. *L'histoire du pays, depuis ses débuts géologiques jusqu'à nos jours.*
- ***Venelles du Royal Mile (p. 54)***. *Éloignez-vous de la foule pour flâner dans le dédale de ruelles d'Old Town.*
- ***Greyfriars Kirkyard (p. 61)***. *Frissons garantis lors de la visite "fantôme'" de ce cimetière hanté !*

Comment y aller et circuler

Le bus n°35 emprunte la partie sud du Royal Mile pour relier le South Bridge au Parlement écossais et au palais de Holyroodhouse. Les bus nos 23, 27, 41 et 42 circulent le long du Mound et du George IV Bridge, et traversent le Royal Mile près de la cathédrale St Giles.

Plan du quartier p. 56

West Bow WESTEND61/GETTY IMAGES ©

Les incontournables

Château d'Édimbourg

L'éperon rocheux de Castle Rock est à l'origine même de l'existence d'Édimbourg : c'était le site élevé le plus facilement défendable sur la route des invasions entre l'Angleterre et le centre de l'Écosse. Sa silhouette sombre et escarpée dominée par le château d'Édimbourg se détache aujourd'hui en surplomb d'Old Town, à l'extrémité ouest de Princes Street. Il s'agit de l'un des principaux sites touristiques du pays. À juste titre.

PLAN P. 56, A4

www.edinburghcastle.scot

Castle Esplanade

Tarif plein/enfant 17,50/10,50 £ audioguide 3,50/1,50 £

9h30-18h avr-sept, 9h30-17h oct-mars, dernière entrée 1 heure avant fermeture

23, 27, 41, 42

Esplanade

Au pied du château, ce terrain de manœuvre datant de 1820 offre un superbe panorama de la ville en direction des Pentland Hills. Du côté ouest, la **porte d'entrée** (1888) est flanquée des statues de Robert Bruce (Robert Ier ; 1274-1329) et William Wallace (dont le film *Braveheart*, réalisé par Mel Gibson – 1995 – raconte la vie romancée ; vers 1270-1305), et surmontée de l'étendard royal d'Écosse – un lion rampant, rouge sur fond or – et de la devise royale en latin : *"Nemo me impune lacessit"* ("Nul ne me provoque impunément").

One O'Clock Gun

Dans la cour, une allée pavée monte vers les batteries d'Argyle et de Mills Mount, en passant sous une **porte à herse** du XVIe siècle que surmonte la tour d'Argyle, datant du XIXe siècle. Depuis les créneaux, la superbe vue s'étend de New Town à l'estuaire de la Forth. Tout au bout de la batterie de Mills Mount, le **One O'Clock Gun** est un canon étincelant datant de la Seconde Guerre mondiale qui tire un obus de 25 livres à 13h pile tous les jours (sauf les dimanches, à Noël et le Vendredi saint ; voir aussi p. 108).

St Margaret's Chapel

Au sud de Mills Mount, l'allée bifurque vers la gauche et passe sous **Foog's Gate** (porte) en montant vers le point culminant de Castle Rock, couronné par le plus vieil édifice d'Édimbourg : la **St Margaret's Chapel**. Cet édifice roman aurait été construit vers 1130 par David Ier en mémoire de sa mère, la reine Margaret (canonisée en 1250). La chapelle servit au stockage de munitions après la conquête de Cromwell en 1650. Restaurée sur l'ordre de la reine Victoria

★ À savoir

- Pour éviter les files d'attente, achetez vos billets sur le site Internet du château.
- Un audioguide (3,50 £) vous permettra de vous plonger dans l'histoire des différents monuments et sites.
- Essayez de faire correspondre votre visite avec le tir du One O'Clock Gun.

Une petite pause ?

- Le **Redcoat Café** (edinburghcastle.scot/see-and-do/eat/eating-options ; plats 5-10 £ ; 9h30-17h avr-oct, 10h-16h nov-mars ; ; 23, 27, 41, 42) sert de bons déjeuners.
- À quelques mètres du château sur le Royal Mile, le Cannonball Restaurant (p. 63) se distingue par son excellente cuisine écossaise.

en 1852, elle fut finalement reconsacrée en 1934. Ses minuscules vitraux – représentant la reine Margaret, saint André, saint Colomba, saint Ninian et William Wallace – datent des années 1920.

Mons Meg

À côté de la St Margaret's Chapel se dresse un imposant engin de siège du XVe siècle, fabriqué à Mons (Belgique actuelle) en 1449 et qui tira sa dernière salve en 1681 : son fût éclata alors qu'il saluait la naissance du futur roi Jacques VII d'Écosse (Jacques II d'Angleterre). En jetant un coup d'œil par-dessus le mur du côté nord de la chapelle, vous verrez le petit jardin qui servait autrefois de **cimetière** aux chiens des officiers.

Great Hall

Au sommet de Castle Rock, le principal ensemble de bâtiments encadrant Crown Square est dominé par le sanctuaire du **Scottish National War Memorial**. En face se dresse le Great Hall, que Jacques IV (1488-1513) fit bâtir pour ses cérémonies officielles, et où le Parlement écossais tint ses assemblées jusqu'en 1639. Admirez sa charpente, du XVIe siècle.

Prisons of War

Les **caves du château** (Castle Vaults), sous le Great Hall (accès depuis l'extrémité ouest de Crown Sq), ont servi tour à tour d'entrepôts, de boulangeries et de prisons. Aujourd'hui, elles ont retrouvé l'aspect qu'elles avaient au temps

Château d'Édimbourg

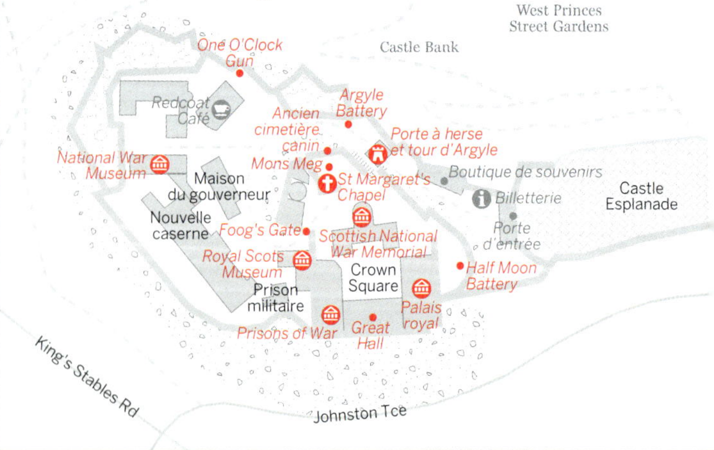

La pierre du Destin

Le 30 novembre 1996, à la Saint-Andrew (grande fête écossaise), un bloc de grès de 67 x 42 x 28 cm muni d'anneaux de fer rouillés fut installé en grande pompe au château d'Édimbourg. Il venait de passer 700 ans sous le trône du couronnement de l'abbaye de Westminster, à Londres, où presque tous les monarques anglais, puis britanniques, d'Édouard II en 1308 à Élisabeth II en 1953, s'assirent pour leur sacre.

Il s'agit de la pierre du Destin, sur laquelle les rois d'Écosse posaient les pieds – et non leur séant – lors de leur couronnement. Elle fut volée à l'abbaye de Scone, près de Perth, par le roi Édouard Ier d'Angleterre en 1296 et rapportée à Londres, où elle demeura pendant sept siècles, symbole immuable de l'asservissement de l'Écosse par l'Angleterre.

Elle revint au centre de l'attention politique en 1996, quand le gouvernement statua sur son retour en Écosse, dans une tentative pour redorer la cote de popularité en berne du parti conservateur avant une élection générale. (Le stratagème échoua : aucun député conservateur ne fut élu en Écosse lors de l'élection qui suivit.)

où elles servaient de prison, entre le XVIIIe et le début du XIXe siècle, lorsqu'elles accueillaient les soldats capturés pendant la guerre d'indépendance des États-Unis et les guerres napoléoniennes. Sur les vieilles portes en bois, on aperçoit encore les graffitis laissés par des prisonniers français et américains.

Joyaux de la Couronne

Dans le **Palais royal**, construit aux XVe et XVIe siècles, une succession de tableaux historiques mène à la chambre forte renfermant les **joyaux de la Couronne écossaise** (Honours of Scotland). La couronne (fabriquée en 1540 avec l'or de celle de Robert Ier d'Écosse, du XIVe siècle), l'épée et le sceptre sont les insignes royaux (*regalia*) les plus anciens d'Europe. Mis sous clé après l'Acte d'union en 1707, ils tombèrent dans l'oubli jusqu'à ce que l'écrivain sir Walter Scott ordonne leur exhumation en 1818. La pierre du Destin (Stone of Destiny) est également exposée.

Les **appartements royaux** voisins abritent la chambre à coucher où Marie Stuart donna naissance au futur Jacques VI, auquel on doit la réunification des couronnes d'Écosse et d'Angleterre, en 1603.

Les incontournables

Real Mary King's Close

Au XVIIe siècle, les City Chambers (siège du conseil municipal de la ville) furent construites au-dessus de cette vieille ruelle médiévale condamnée, où les niveaux inférieurs des maisons restèrent pratiquement intacts pendant 250 ans. Aujourd'hui ouvert au public, le labyrinthe souterrain de Real Mary King's Close donne une idée de la vie quotidienne à Édimbourg au XVIIe siècle.

PLAN P. 56, D3

0131-225 0672

www.realmarykingsclose.com

2 Warriston's Close

Tarif plein/enfant 17,95/11,25 £

horaires variables

23, 27, 41, 42

Chambre meublée

Les visites conduites en costume par des étudiants en art dramatique, avec histoires de fantômes et tableaux macabres, réduisent le passage à ses aspects effrayants et triviaux et peuvent sembler un peu désuètes. Certaines parties n'en sont pas moins intéressantes, comme la chambre meublée du XVIIe siècle qui peut donner la chair de poule, avec ses touffes de crin s'échappant par endroits des murs en plâtre qui s'effritent, aux motifs fanés, et où flotte une odeur de vieille poussière qui prend à la gorge.

Chambre d'Annie

Dans une autre chambre du passage, un médium prétendit avoir été approché par le fantôme d'une petite fille du nom d'Annie. Difficile de dire ce qui est le plus angoissant : l'histoire de la petite Annie ou l'étrange amoncellement de poupées et de peluches laissées à son intention par les visiteurs.

Au pied du passage

Le moment le plus frappant de la visite arrive à la fin, lorsque l'on se tient véritablement au pied de Mary King's Close. On prend alors pleinement conscience de se trouver dans une ruelle enterrée, avec les murs des vieux immeubles d'habitation se dressant de chaque côté, et le poids des 11 étages des City Chambers – et de quelque 250 ans d'histoire – au-dessus de la tête.

★ À savoir

- Chaque visite est limitée à 20 personnes : réservez la vôtre en ligne au plus tard la veille de votre venue.
- Prévoyez des chaussures adaptées : vous emprunterez des escaliers et des sols en pierre irréguliers.
- Nombreux espaces confinés : claustrophobes s'abstenir !
- Les enfants de moins de 5 ans ne sont pas admis.

Une petite pause ?

- Pour manger une pizza en terrasse : rendez-vous à la **Gordon's Trattoria** (☎0131-225 7992 ; gordonstrattoria.com ; 231 High St ; plats 12-20 £ ; 12h-23h dim-jeu, 12h-0h ven-sam ; ; tout bus pour le South Bridge), un peu plus bas sur la colline.
- Produits de la mer plus raffinés au menu de l'Ondine (p. 63), au coin de la rue, en remontant.

Les incontournables

National Museum of Scotland

Le Musée national d'Écosse figure parmi les sites emblématiques d'Édimbourg. L'histoire de l'Écosse, de ses débuts géologiques à nos jours, est présentée sur 5 niveaux dans un remarquable bâtiment en pierre dorée (1998). Cette partie moderne est reliée au musée victorien d'origine, avec des sections dévolues à l'histoire naturelle, aux cultures du monde, à l'archéologie, au design et à la mode, aux sciences et aux technologies.

PLAN P. 56, E5

0300 123 6789

www.nms.ac.uk/national-museum-of-scotland

Chambers St, EH1 1JF

Gratuit

10h-17h

35, 45

Grand Gallery

L'entrée principale du musée, à mi-hauteur de Chambers Street, donne sur un hall grandiose qui occupe les anciennes caves du musée. L'escalier conduit à la lumineuse Grand Gallery, pièce maîtresse de l'ancien musée victorien : un atrium spectaculaire coiffé d'une verrière, structuré par des piliers en fonte et bordé de coursives. Il fut édifié dans les années 1860 par Francis Fowke, un architecte du corps des Royal Engineers, auquel on doit aussi le Royal Albert Hall et certaines parties du Victoria and Albert Museum de Londres.

À chaque heure, on se presse autour de la **Millennium Clock Tower** pour la voir carillonner. Construite en 1999 pour commémorer le meilleur comme le pire de l'histoire de l'humanité, et inspirée de bijoux de mécanique comme l'horloge astronomique de Prague, elle évoque davantage une sculpture cinétique qu'une simple horloge. Elle est ornée de nombreux symboles et de figurines animées saisissantes.

Animal World

À l'extrémité est de la Grand Gallery, une porte mène à **Animal World**, l'une des plus impressionnantes sections du vieux bâtiment. Ici, pas de régiment statique et poussiéreux de bêtes empaillées, mais une collection d'animaux mis en scène en train de bondir, de voler ou de nager, organisés par groupes en fonction de leurs modes de déplacement, d'alimentation et de reproduction. Parmi eux se trouvent quelques espèces éteintes, avec notamment le squelette grandeur nature d'un *Tyrannosaurus rex*.

Window on the World

Dans les coursives de la Grand Gallery, l'exposition "Fenêtre sur le monde" réunit plus de 800 pièces variées issues des collections du

★ À savoir

- Commencez par l'entrée principale, à mi-hauteur de Chambers Street, plutôt que par la tour à l'extrémité ouest. Vous y trouverez l'accueil, un vestiaire, des toilettes et un café-restaurant.
- Visites guidées thématiques gratuites de 1 heure à 11h, 13h et 15h ; adressez-vous à l'accueil pour plus de détails.
- Téléchargez les PDF des parcours pour enfants, comme le Family Puzzle Trail.

Une petite pause ?

- En sous-sol du bâtiment victorien, la **Museum Brasserie** (☎0131-225 4040 ; www.benugo.com/restaurants/museum-brasserie ; Chambers St ; plats 7-14 £ ; 9h-17h ; ; 35, 45) propose des déjeuners légers.
- Ouvert tous les jours de 10h30 à 16h30, le **Balcony Café** (niveau 3) sert thé, café, gâteaux maison, soupes, sandwichs, salades et boîtes-repas (pour les enfants).

musée, qui vont de la **plus grande gravure sur os de baleine au monde**, recouvrant deux mâchoires entières de cachalot, à un vélo de course à 4 places datant de 1898.

Hawthornden Court

Une suite de salles consacrées aux sciences et aux technologies fait la jonction entre la Grand Gallery du bâtiment ancien et le Hawthornden Court de la partie moderne. Y sont notamment exposés la brebis Dolly (tout premier mammifère cloné), un vieil avion et une section de l'accélérateur de particules du CERN.

Early People Gallery

Au bout de Hawthornden Court, un escalier descend au niveau 0 vers la "Galerie des premiers hommes", où sont présentées d'intrigantes sculptures humanoïdes signées Eduardo Paolozzi. On peut aussi y voir les splendides installations du sculpteur Andy Goldsworthy : d'immenses piles de vieilles ardoises, des chutes de bois disposées avec art, une sphère entièrement faite d'os de baleine... Vous remarquerez la **lionne de Cramond**, une sculpture funéraire de l'époque romaine représentant un fauve avec une tête d'homme dans la gueule (elle fut découverte dans la rivière Almond, à l'ouest d'Édimbourg, en 1997). Avec ses 22 kg, le **trésor de Traprain**, enseveli au Ve siècle et découvert en 1919, est le plus gros butin romain en argent découvert à ce jour.

Toit-terrasse du National Museum of Scotland

Kingdom of the Scots

Depuis l'Early People Gallery, rejoignez l'étage supérieur pour une plongée dans l'histoire de l'Écosse. Dans les salles des niveaux 1 et 2, consacrées au royaume médiéval des Scots, les pièces maîtresses sont le **reliquaire de Monymusk**, un petit coffret en argent datant de 750 que Robert Ier d'Écosse aurait emporté avec lui à la bataille de Bannockburn en 1314 ; et les célèbres **figurines de Lewis** (*Lewis chessmen*), un ensemble de jolies pièces d'échecs du XIIe siècle en ivoire de morse, découvertes sur la plage de Uig (île de Lewis).

Death Comes In

Au niveau 5, cette collection est un véritable paradis gothique, avec des corbillards en bois, des bijoux en jais, des bracelets de deuil tressés de cheveux humains et des *mortsafes*, des dispositifs destinés à protéger les dépouilles fraîchement inhumées des voleurs de cadavres (p. 61). Les pièces les plus remarquables sont certainement les mystérieux **cercueils d'Arthur's Seat**. Ces 17 cercueils miniatures de moins de 10 cm de long, dans lesquels reposent de petites figurines de bois, furent découverts par deux garçons qui jouaient dans une grotte à Holyrood Park, en 1836. Ils pourraient avoir servi à des simulacres d'enterrement pour les victimes des tristement célèbres voleurs de cadavres d'Édimbourg, Burke et Hare, qui vendaient les corps au professeur d'anatomie de la ville (voir aussi p. 61).

Leaving Scotland

Le niveau 6 du musée est consacré au XXe siècle. Ses galeries dédiées à la guerre, à l'industrie et à la vie quotidienne sont illustrées par des histoires personnelles, des extraits vidéo et des objets emblématiques (notamment des **cornemuses** que l'on fit sonner à la bataille de la Somme en 1916). On y trouve également une exposition baptisée *"Leaving Scotland"* ("Quitter l'Ecosse"), regroupant des récits de la diaspora écossaise, partie vers une nouvelle vie au Canada, en Australie, aux États Unis et ailleurs, du XVIIIe siècle aux années 1960.

Toit-terrasse

Avant de quitter le musée, prenez l'ascenseur à l'angle du niveau 6, non loin de la galerie consacrée à la guerre, pour rejoindre le toit en terrasse offrant une vue splendide sur les remparts du château.

ULMUS MEDIA/SHUTTERSTOCK ©

Promenade à pied

L'histoire cachée d'Old Town

La vieille ville d'Édimbourg se déploie au sud du Royal Mile, en descendant vers Grassmarket et Cowgate, qu'enjambent les arches du George IV Bridge et du South Bridge. Les différences de niveaux entre les différents secteurs ont donné naissance à un dédale de passages étroits, de venelles et d'escaliers qui apporte un goût d'aventure à l'exploration d'Old Town.

La promenade

Départ Victoria Terrace ; Victoria St

Arrivée South Bridge Vaults ; South Bridge

Distance 2,4 km

Durée 1 heure

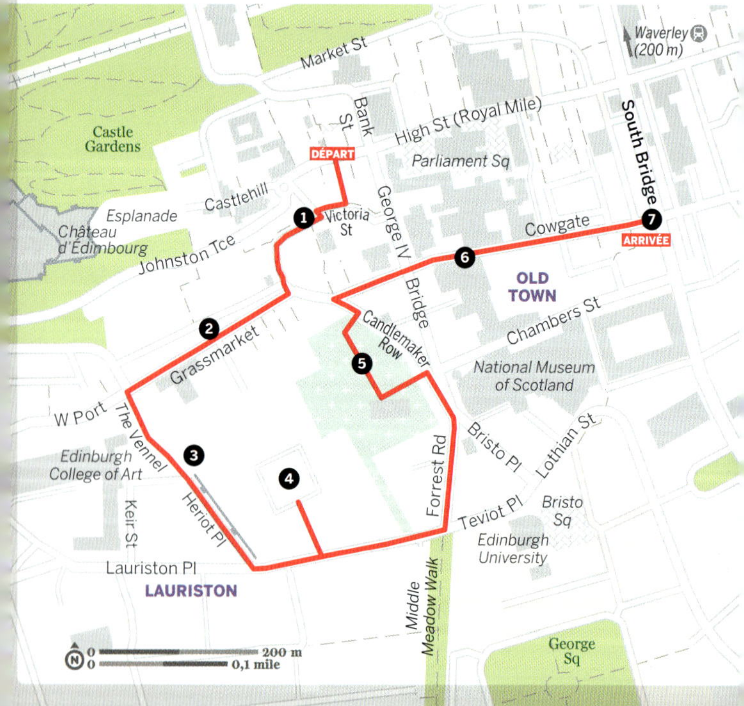

❶ Victoria Terrace

De Lawnmarket (en haut du Royal Mile), engouffrez-vous dans Fisher's Close pour rejoindre Victoria Terrace. Avancez sur la droite pour profiter de la vue. Au bout, le **Maxie's Bistro** (p. 68) est agréable pour déjeuner ou prendre un verre.

❷ Grassmarket

Descendez l'escalier au centre de Victoria Terrace et gagnez Grassmarket, où se tint un marché aux bestiaux entre le XVe siècle et le début du XXe siècle – des exécutions s'y déroulèrent également. À l'extrémité est, se dresse un monument à la mémoire des martyrs covenantaires.

❸ Flodden Wall

Au bout à gauche, grimpez l'escalier appelé "The Vennel". En haut, à gauche, le Flodden Wall est l'un des rares vestiges du rempart érigé au début du XVIe siècle pour protéger la ville d'une invasion anglaise. Derrière, le Telfer Wall en est une extension plus récente.

❹ George Heriot's School

Dans Lauriston Place, tournez à gauche pour voir l'imposant édifice de la George Heriot's School. Fondée au XVIIe siècle grâce à un legs de George Heriot (banquier du roi Jacques VI), elle accueillait des orphelins. Depuis 1886, c'est une école privée – elle ouvre au public en septembre à l'occasion du **Doors Open Day** (www.doorsopendays.org.uk).

❺ Greyfriars Kirkyard

Ceint de hauts murs et toisé par le château, ce cimetière évocateur forme une oasis de verdure parsemée de beaux monuments. De nombreuses célébrités locales y sont enterrées.

❻ Cowgate

Cette longue ravine qui part de Grassmarket était autrefois empruntée par le bétail venu des pâtures d'Arthur's Seat quand il devait être mis à l'abri des remparts ou vendu au marché. Après le nouveau palais de justice, sur la droite, le Tailors Hall accueillait les réunions de la guilde des tailleurs. Il abrite aujourd'hui un hôtel et un bar.

❼ South Bridge Vaults

Une seule arche visible du South Bridge enjambe Cowgate, mais neuf autres sont camouflées par des bâtiments postérieurs. Pour découvrir celles situées au nord, participez à une visite guidée proposée par **Mercat Tours** (p. 30 et p. 66). Celles au sud abritent la discothèque **Caves** (p. 71).

Promenade à pied

Du château au palais

Cette promenade relie les sites emblématiques de la capitale écossaise – le château d'Édimbourg, le palais de Holyroodhouse et le Parlement écossais – en suivant (pour l'essentiel) le Royal Mile, l'ancienne route empruntée par les rois et les reines entre le château-forteresse et le palais. Elle s'en écarte parfois pour s'enfoncer dans les impasses et les venelles qui donnent à la vieille ville son cachet historique unique.

La promenade

Départ Château d'Édimbourg ; Victoria St

Arrivée Palais de Holyroodhouse ; Scottish Parliament

Distance 2,4 km

Durée 1 heure

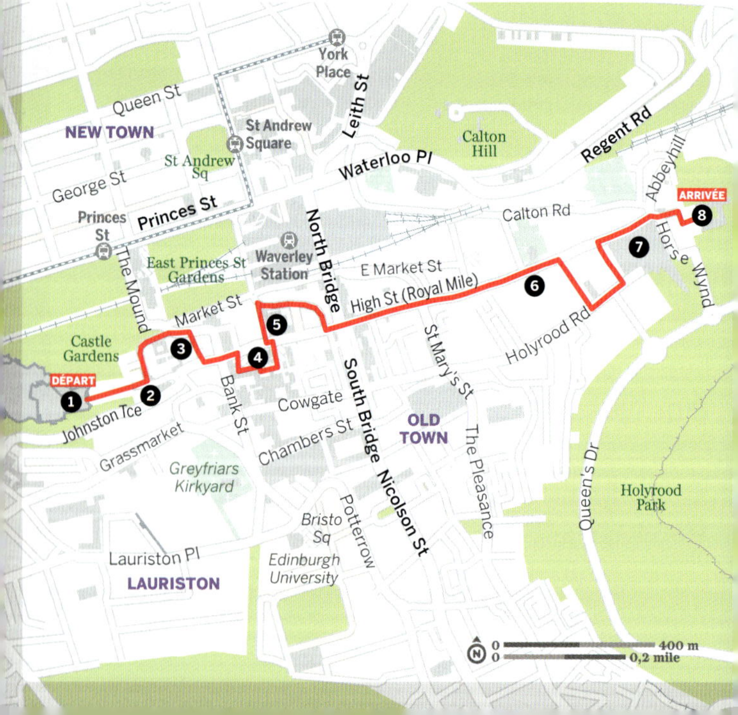

❶ Château d'Édimbourg

L'impressionnant **château d'Édimbourg** (p. 42) domine la ville du haut de sa position imprenable. Admirez les joyaux de la Couronne écossaise, visitez les anciennes prisons… et retenez-vous de sursauter en entendant retentir le One O'Clock Gun.

❷ Scotch Whisky Experience

Après avoir profité de la vue depuis l'**esplanade du château**, entamez la descente du Royal Mile. Arrêtez-vous à gauche au **Witches Well** ("puits des sorcières"), une fontaine à la mémoire des personnes exécutées pour sorcellerie, avant de gagner la **Scotch Whisky Experience** (p. 58) pour découvrir l'incontournable nectar écossais.

❸ Writers' Museum

Descendez Ramsay Lane jusqu'aux tours jumelles de **New College** et entrez dans la cour pour voir la **statue de John Knox** (l'une des figures de la réforme écossaise, disciple de Jean Calvin). Regagnez le Royal Mile en passant par la pittoresque ruelle de **Lady Stair's Close** et le **Writers' Museum** (p. 60).

❹ Cathédrale St Giles

Descendez High Street jusqu'à la **cathédrale St Giles** (p. 68), l'église principale de la ville. Puis suivez Parliament Square en contournant le côté sud de l'édifice et jetez un coup d'œil au **Parliament Hall** (p. 63) et à la **Mercat Cross** (croix du Marché).

❺ Real Mary King's Close

De retour dans High Street, admirez la façade georgienne des **City Chambers**, bâties au-dessus de la ruelle médiévale de **Real Mary King's Close** (p. 46), dont il est possible de découvrir les vestiges dans le cadre d'une visite guidée.

❻ Museum of Edinburgh

Descendez la jolie venelle d'**Advocate's Close**, puis remontez jusqu'au Royal Mile par **Cockburn Street**, bordée de boutiques tendance. Continuez jusqu'au **Museum of Edinburgh** (p. 58) en passant devant la **John Knox House** (p. 60).

❼ Parlement écossais

En face de la **Canongate Kirk** (église), engagez-vous dans Crighton's Close après la **Scottish Poetry Library**, puis tournez deux fois à gauche dans Reid's Close pour voir le **Parlement écossais** (p. 80)

❽ Palais de Holyroodhouse

Le Royal Mile se termine aux portes richement ouvragées du **palais de Holyroodhouse** (p. 78), où réside la famille royale lorsqu'elle est de passage à Édimbourg.

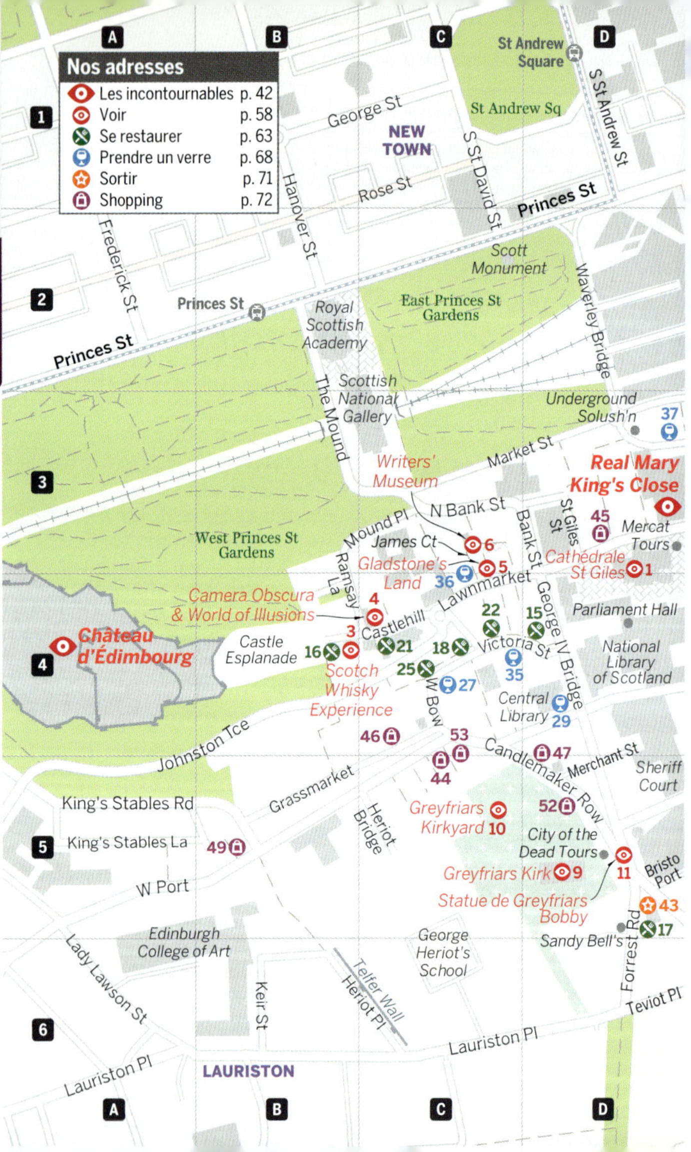
Nos adresses
Les incontournables p. 42
Voir p. 58
Se restaurer p. 63
Prendre un verre p. 68
Sortir p. 71
Shopping p. 72
A
B
C
D
1
2
3
4
5
6
St Andrew Square
St Andrew Sq
S St Andrew St
George St
NEW TOWN
S St David St
Rose St
Princes St
Hanover St
Frederick St
Scott Monument
East Princes St Gardens
Waverley Bridge
Royal Scottish Academy
Scottish National Gallery
The Mound
Underground Solush'n
37
Market St
Writers' Museum
Real Mary King's Close
N Bank St
Bank St
St Giles St
45
Mercat Tours
Mound Pl
James Ct
6
Gladstone's Land
5
36
Cathédrale St Giles
1
West Princes St Gardens
Ramsay La
Lawnmarket
Camera Obscura & World of Illusions
4
Parliament Hall
22
15
George IV Bridge
Château d'Édimbourg
3
Castlehill
Castle Esplanade
16
21
18
Victoria St
National Library of Scotland
Scotch Whisky Experience
25
27
W Bow
35
Central Library
29
Johnston Tce
46
53
Candlemaker Row
47
Merchant St
Sheriff Court
44
King's Stables Rd
Grassmarket
Heriot Bridge
Greyfriars Kirkyard
10
52
King's Stables La
49
City of the Dead Tours
11
Bristo Port
W Port
Greyfriars Kirk
9
Statue de Greyfriars Bobby
43
Edinburgh College of Art
George Heriot's School
Sandy Bell's
17
Forrest Rd
Lady Lawson St
Keir St
Telfer Wall
Heriot Pl
Teviot Pl
Lauriston Pl
LAURISTON
Lauriston Pl

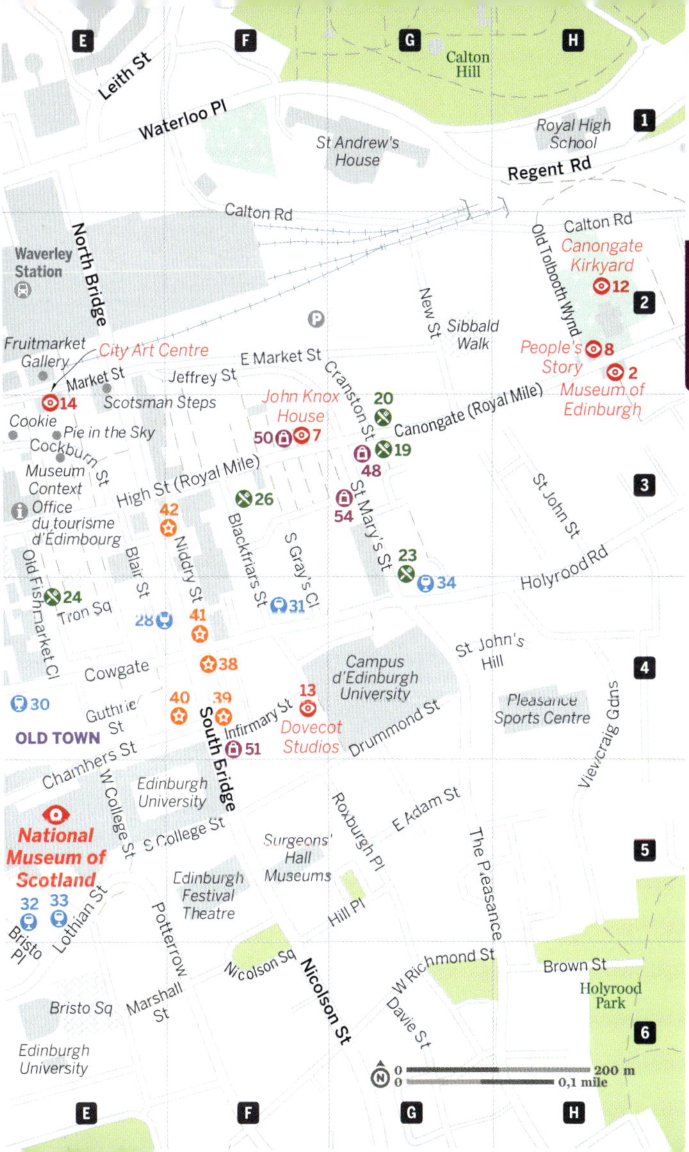
E
F
G
H
1
2
3
4
5
6
Calton Hill
Leith St
Waterloo Pl
Royal High School
St Andrew's House
Regent Rd
Calton Rd
Calton Rd
Waverley Station
North Bridge
Canongate Kirkyard
12
Old Tolbooth Wynd
New St
Sibbald Walk
Fruitmarket Gallery
City Art Centre
E Market St
People's Story
8
2
Museum of Edinburgh
Market St
Jeffrey St
14
Scotsman Steps
John Knox House
Cranston St
20
Canongate (Royal Mile)
Cookie
Pie in the Sky
50
7
19
48
Cockburn St
Museum Context
High St (Royal Mile)
26
54
St John St
Office du tourisme d'Édimbourg
42
Niddry St
Blackfriars St
S Gray's Cl
St Mary's St
23
34
Holyrood Rd
Old Fishmarket Cl
Blair St
24
Tron Sq
28
41
31
St John's Hill
Cowgate
38
Campus d'Edinburgh University
30
Guthrie St
40
39
13
Infirmary St
Drummond St
Pleasance Sports Centre
Viewcraig Gdns
OLD TOWN
South Bridge
51
Dovecot Studios
Chambers St
W College St
Edinburgh University
National Museum of Scotland
S College St
Roxburgh Pl
E Adam St
Surgeons' Hall Museums
Edinburgh Festival Theatre
The Pleasance
32
33
Lothian St
Bristo Pl
Potterrow
Hill Pl
Nicolson Sq
Nicolson St
W Richmond St
Brown St
Holyrood Park
Bristo Sq
Marshall St
Davie St
Edinburgh University
P
N
0
0
200 m
0,1 mile

Voir

Cathédrale St Giles ÉGLISE

1 PLAN P. 56, D3

Grande silhouette grise, cette cathédrale, qui date essentiellement d'avant le XVe siècle, fut en grande partie restaurée au XIXe siècle. La **Thistle Chapel** (chapelle du Chardon), construite en 1911 pour les chevaliers du très ancien et très noble ordre du Chardon, est particulièrement remarquable. Les stalles gothiques richement sculptées sont coiffées de baldaquins surmontés des casques et des armoiries des 16 chevaliers. Sur la voûte, vous remarquerez un ange jouant de la cornemuse. (www.stgilescathedral.org.uk ; High St ; gratuit ; 9h-19h lun-ven, 9h-17h sam, 13h-17h dim avr-oct, 9h-17h lun-sam, 13h-17h dim nov-mars ; 23, 27, 41, 42)

Museum of Edinburgh MUSÉE

2 PLAN P. 56, H2

Vous trouverez sans peine la façade de la Huntly House (qui figure dans la saison 3 de la série *Outlander*), en face de l'horloge du Tolbooth sur le Royal Mile. Bâtie en 1570, cette demeure abrite un musée qui aborde l'histoire d'Édimbourg, de la préhistoire à nos jours. On y trouve des pièces d'importance nationale, comme la copie originale du National Covenant de 1638 (Pacte national ; accord signé par le peuple pour s'opposer aux réformes de l'Église d'Écosse proposées par le roi Charles Ier). Ainsi que le collier et l'écuelle ayant appartenu à Greyfriars Bobby (p. 61), le citoyen canin le plus célèbre de la ville ! (0131-529 4143 ; www.edinburghmuseums.org.uk ; 142 Canongate ; gratuit ; 10h-17h lun et jeu-sam, 12h-17h dim ; 300)

Scotch Whisky Experience EXPOSITION

3 PLAN P. 56, B4

Dans une ancienne école, ce centre multimédia présente la fabrication du whisky, de l'orge à la bouteille, à travers une exposition dans laquelle on trouve notamment la plus grande collection de whiskies de malt au monde (3 384 bouteilles !) et des démonstrations sollicitant la vue, l'ouïe, le goût et l'odorat. La visite la plus chère inclut une dégustation de whisky plus approfondie et de cuisine écossaise. Également sur place : Amber (p. 67), un restaurant spécialisé dans les plats traditionnels écossais, agrémentés dans certains cas d'un trait de whisky. (www.scotchwhiskyexperience.co.uk ; 354 Castlehill ; tarif plein/enfant à partir de 17/8 £ ; 10h-18h avr-juil, 10h-17h août-mars ; 23, 27, 41, 42)

Camera Obscura & World of Illusions EXPOSITION

4 PLAN P. 56, C4

La "chambre noire" d'Édimbourg permet de découvrir un dispositif, en usage depuis 1853, utilisant un jeu de lentilles et de miroirs pour projeter l'image de la ville sur un grand écran horizontal. Le commentaire qui accompagne la visite est distrayant, et l'expérience ne manque pas de charme, d'autant qu'elle inclut une exposition sur les illusions. Un escalier le long duquel sont disposées des installations sur le thème de l'optique mène à l'**Outlook Tower**, une tour panoramique offrant une vue superbe d'Édimbourg. (www.camera-obscura.co.uk ; Castlehill ; tarif plein/enfant 16,50/12,50 £ ; 9h-22h juil, 9h-21h août, 9h30-20h avr-juin et sept-oct, 9h30-19h nov-mars ; 23, 27, 41, 42, 67)

Gladstone's Land

BÂTIMENT HISTORIQUE

5 PLAN P. 56, C3

Au XVIIe siècle, Thomas Gledstanes était l'un des marchands les plus prospères d'Édimbourg. En 1617, il acheta cet immeuble d'habitation, qui a conservé de remarquables plafonds, poutres et murs peints, ainsi qu'un superbe mobilier datant des XVIIe et XVIIIe siècles. Rénové, l'édifice a rouvert au printemps 2021 avec un glacier côté rue, des salles d'exposition aux étages intermédiaires et des appartements aux étages supérieurs. (NTS ; 0131-226 5856 ; www.nts.org.uk ; 477 Lawnmarket ; 23, 27, 41, 42)

Cathédrale St Giles

CHRISTIAN MUELLER/SHUTTERSTOCK ©

Sur les pas des fantômes

Les **City of the Dead Tours** (plan p. 56, D5 ; 0131-225 9044 ; www.cityofthedeadtours.com ; 26a Candlemake ; tarif plein/réduit 14/10 £ ; 21h Pâques-oct, 20h30 mar et jeu-sam nov-Pâques), des visites guidées dans la "Cité des morts" du Greyfriars Kirkyard, offrent probablement la plus effrayante des chasses aux fantômes d'Édimbourg (elle est déconseillée aux jeunes enfants).

Writers' Museum — MUSÉE

6 PLAN P. 56, C3

Au fond d'un passage juste à l'est de Gladstone's Land, entre le Royal Mile et le Mound, la Lady Stair's House (1622) abrite ce musée littéraire où sont conservés des manuscrits et des souvenirs personnels de trois des plus célèbres écrivains écossais : Robert Burns, sir Walter Scott et Robert Louis Stevenson. (0131-529 4901 ; www.edinburghmuseums.org.uk ; Lady Stair's Close ; gratuit ; 10h-17h ; 23, 27, 41, 42)

John Knox House — BÂTIMENT HISTORIQUE

7 PLAN P. 56, F3

Le Royal Mile devient plus étroit au pied de High Street, au niveau de la façade en saillie de John Knox House. Il s'agit du plus vieil immeuble d'habitation d'Édimbourg, datant de 1490. John Knox, influent calviniste et instigateur de la Réforme écossaise, y aurait vécu de 1561 à 1572. L'intérieur labyrinthique, doté de quelques beaux plafonds en bois peints, abrite une présentation de la vie et de l'œuvre de Knox. (scottishstorytellingcentre.com/john-knox-house ; 43-45 High St ; tarif plein/enfant 6/1 £ ; 10h-18h tlj juil-août, lun-sam sept-juin ; 35)

People's Story — MUSÉE

8 PLAN P. 56, H2

Au nombre des symboles de l'indépendance passée de Canongate, le **Canongate Tolbooth** (1591) servit successivement de poste de péage, de salle du Conseil, de salle d'audience et de prison. Avec ses tourelles et son horloge suspendue, c'est un bel exemple d'architecture du XVIe siècle. On y trouve aujourd'hui un musée remarquable, le People's Story, dévolu à la vie quotidienne, au travail et aux loisirs des habitants ordinaires d'Édimbourg, du XVIIIe siècle à nos jours. (www.edinburghmuseums.org.uk ; 163 Canongate ; gratuit ; 10h-17h ; 35)

Greyfriars Kirk — ÉGLISE

9 PLAN P. 56, D5

Cette église, l'une des plus célèbres d'Édimbourg, fut édifiée à l'emplacement d'un ancien monastère franciscain, et ouverte au culte le jour de Noël 1620. (www.greyfriarskirk.com ; Greyfriars Pl ; 10h30-16h30 lun-ven, 12h-16h sam avr-oct, 11h-15h jeu nov-mars ; 2, 23, 27, 35, 41, 42, 45)

Greyfriars Kirkyard CIMETIÈRE

10 PLAN P. 56, C5

Ce cimetière (*kirkyard*) pittoresque forme une oasis verdoyante ponctuée de monuments sculptés. Il s'agit de la dernière demeure de bien des Édimbourgeois célèbres comme le poète Allan Ramsay (1686-1758), l'architecte William Adam (1689-1748) et William Smellie (1740-1795), éditeur de la première *Encyclopedia Britannica*. Si vous recherchez les frissons – la nuit, dans un caveau obscur –, joignez-vous à l'un des City of the Dead Tours (encadré page ci-contre). (www.greyfriarskirk.com ; Candlemaker Row ; 24h/24 ; 2, 23, 27, 35, 41, 42, 45)

Greyfriars Bobby STATUE

11 PLAN P. 56, D5

À l'extérieur du Greyfriars Kirkyard, la statue à taille réelle de Greyfriars Bobby offre une pause photo incontournable : ce skye-terrier fit chavirer le cœur des Britanniques à la fin du XIXe siècle. De 1858 à 1872, le petit chien monta la garde près de la tombe de son défunt maître, un officier de police d'Édimbourg. L'histoire fut immortalisée dans un roman d'Eleanor Atkinson en 1912 et fut portée au grand écran par Walt Disney sous le titre *Bobby des*

Les voleurs de cadavres

Édimbourg a longtemps eu la réputation d'être à la pointe en matière de recherche médicale. Quand, au début du XIXe siècle, les cadavres – dont les anatomistes avaient besoin pour leurs études – vinrent à manquer, un commerce illégal s'instaura.

En toute logique, les cimetières de la ville constituaient la souce d'approvisionnement la plus fiable. Les voleurs de cadavres – ou "résurrectionnistes" – pillaient les cercueils fraîchement inhumés et vendaient les cadavres aux anatomistes, qui fermaient les yeux sur leur provenance.

William Burke et William Hare poussèrent ce sinistre commerce encore plus loin en ayant recours au meurtre. Entre décembre 1827 et octobre 1828, ils assassinèrent au moins 17 personnes, dont ils vendirent les corps au chirurgien Robert Knox.

Lorsque la justice les rattrapa, Hare témoigna contre Burke, qui fut pendu devant la cathédrale St Giles en janvier 1829. Par une étrange ironie du sort, son corps fut donné à l'école d'anatomie en vue d'une dissection publique.

Greyfriars en 1961. (angle George IV Bridge et Candlemaker Row ; 🚌2, 23, 27, 35, 41, 42, 45)

Canongate Kirkyard CIMETIÈRE

12 👁 PLAN P. 56, H2

Au pied d'une *kirk* (église ; 1688) à l'élégante façade courbe, ce cimetière accueille les sépultures de plusieurs personnages célèbres, comme l'économiste Adam Smith (1723-1790), auteur de *La Richesse des nations*, Agnes MacLehose (1759-1841), la Clarinda des poèmes d'amour de Robert Burns, et le poète Robert Fergusson (1750-1774), dont une statue se dresse dans la rue devant l'église. Juste après le portail, un panneau indique l'emplacement des tombes remarquables. (www.canongatekirk.org.uk/kirkyard ; Canongate ; 🕒lever-coucher du soleil ; 🚌35)

Dovecot Studios CENTRE D'ART

13 👁 PLAN P. 56, F4

Cet épatant atelier de tapisserie et centre d'art et d'artisanat contemporain est installé dans les plus anciens bains publics d'Édimbourg, vieux d'un siècle. On peut y voir les tisserands à l'œuvre depuis les galeries donnant sur l'atelier. La boutique et le café, géré par le Leo's Beanery, sont tout aussi excellents. (☎0131-550 3660 ; www.dovecotstudios.com ; 10 Infirmary St ; gratuit ; 🕒10h-17h lun-sam ; 🚌tout bus pour le South Bridge)

City Art Centre

AIVITA ARIKA/SHUTTERSTOCK ©

Parliament Hall

Avant de visiter le Parlement écossais, jetez un coup d'œil au **Parliament Hall** (plan p. 56, D4 ; 0131-348 5355 ; 11 Parliament Sq ; gratuit ; 10h-16h lun-ven ; 2, 23, 27, 41), un superbe édifice du XVIIe siècle où se réunissait le Parlement écossais avant sa dissolution en 1707. Niché derrière la cathédrale St Giles, il a conservé sa charpente en chêne d'origine. Ouvert au public, il sert aujourd'hui de lieu de rendez-vous aux avocats et à leurs clients. En entrant par Parliament Square (un panneau à l'extérieur indique "Parliament Hall ; Court of Session"), vous arriverez face à l'accueil (après la barrière de sécurité) ; la Chambre se trouve derrière les portes doubles tout de suite à droite.

City Art Centre MUSÉE D'ART

14 PLAN P. 56, E3

Ce musée présente sur 6 étages des œuvres variées. Vaste collection d'art écossais. Expos temporaires payantes. (www.edinburghmuseums.org.uk ; 2 Market St ; gratuit ; 10h-17h mar-dim ; ; 3, 5, 8, 29, 45)

Se restaurer

Ondine PRODUITS DE LA MER £££

15 PLAN P. 56, D4

La carte de cet excellent restaurant de produits de la mer fait la part belle à la pêche durable. Prenez place à l'Oyster Bar pour déguster des huîtres aux échalotes, de la bisque de crustacés, du homard Thermidor, un plateau de fruits de mer ou un simple haddock aux frites (avec une purée de petits pois à la menthe, pour rester chic). (0131-226 1888 ; www.ondinerestaurant.co.uk ; 2 George IV Bridge ; plats 22-38 £ ; 12h-21h mer-sam, 12h-16h dim ; ; 23, 27, 41, 42)

Cannonball Restaurant ÉCOSSAIS ££

16 PLAN P. 56, B4

La Cannonball House historique, qui jouxte l'esplanade du château, a été convertie en un élégant restaurant et bar à whisky où la famille Contini apporte une touche italienne aux plats écossais. Au menu : boulettes de haggis à la marmelade et à la moutarde ou homard Thermidor *Mac and cheese*, par exemple. (0131-225 1550 ; www.contini.com/cannonball ; 356 Castlehill ; plats 15-30 £ ; 12h-15h et 17h30-22h mar-sam ; ; 23, 27, 41, 42)

Mums CAFÉ £

17 PLAN P. 56, D5

Ce café empreint de nostalgie met à l'honneur les classiques

L'histoire d'Old Town

Jusqu'à la fondation de New Town, au XVIIIe siècle, Édimbourg avait des allures de fourmilière surpeuplée et insalubre. Coincée entre les terres marécageuses de Nor'Loch (North Loch ; aujourd'hui asséchées et occupées par les Princes Street Gardens) au nord et les remparts de la ville au sud et à l'est, elle ne pouvait s'étendre qu'en hauteur.

Immeubles d'Old Town

Des immeubles de 5 à 8 étages furent érigés le long du Royal Mile aux XVIe et XVIIe siècles. Véritables gratte-ciel pour l'époque, ils suscitèrent l'admiration de nombreux écrivains de passage, comme Daniel Defoe. Toutes les classes de la société, du mendiant au notable, y vivaient côte à côte. Les riches occupaient les étages intermédiaires, suffisamment hauts pour échapper au bruit et à la puanteur de la rue, mais pas trop pour ne pas se fatiguer à monter les étages. Les pauvres s'entassaient dans les greniers, les sous-sols et les caves.

Royal Mile

Plus vieille artère d'Édimbourg, le Royal Mile relie le château au palais de Holyroodhouse. Il comprend quatre sections : Castlehill, une petite pente qui part de l'esplanade, Lawnmarket, High Street et Canongate.

Lawnmarket (altération de "Landmarket") doit son nom au grand marché au tissu qui prospéra à cet endroit jusqu'au XVIIIe siècle (on y vendait des produits de la région). C'était le quartier le plus huppé d'Old Town, où nombre de notables avaient leurs demeures.

High Street, qui court du George IV Bridge à St Mary's Street, est le cœur et l'âme d'Old Town, site de l'église principale d'Édimbourg, du palais de justice, de l'hôtel de ville et – jusqu'en 1707 – du Parlement écossais. La porte orientale d'Old Town, Netherbow Port, se dressait autrefois dans le Flodden Wall au bout de St Mary's Street. Il n'en reste rien, mais ses anciens contours sont matérialisés au sol par des bandes en cuivre.

Canongate, la section comprise entre Netherbow et Holyrood, fait référence aux chanoines augustins (*canons*) de l'abbaye de Holyrood. À partir du XVIe siècle, elle attira les aristocrates qui souhaitaient vivre à proximité du palais de Holyroodhouse.

britanniques – œufs au bacon, saucisses-purée, *shepherd's pie* (sorte de hachis parmentier), *fish and chips* –, élaborés à la perfection avec les meilleurs produits du cru. Bonne sélection de bières traditionnelles et de cidres écossais également. (☎ 0131-260 9806 ; monstermashcafe.co.uk ; 4a Forrest Rd ; plats 9-13 £ ; ⏲ 9h-22h lun-sam, 10h-22h dim ; 📶 👨‍👧 ; 🚌 2, 23, 27, 35, 41, 42, 45)

Grain Store
ÉCOSSAIS **£££**

18 PLAN P. 56, C4

Dans la pittoresque Victoria Street, ce restaurant doté d'une salle superbe est réputé à juste titre pour ses excellents produits écossais préparés avec brio, comme le flétan servi avec des calmars frits et une bisque de moules, et le chevreuil au céleri-rave, à la betterave et au chou frisé. Le menu de 2 plats à 14 £ offre un bon rapport qualité/prix. (☎ 0131-225 7635 ; www.grainstore-restaurant.co.uk ; 30 Victoria St ; plats 24-32 £ ; ⏲ 12h-14h30 et 18h-21h45 lun-sam, 12h-14h30 et 18h-21h30 dim ; 🚌 2, 23, 27, 41, 42)

White Horse Oyster & Seafood Bar
PRODUITS DE LA MER **£££**

19 PLAN P. 56, G3

L'un des plus vieux pubs de la ville a été transformé en un restaurant de produits de la mer attrayant. Le décor de pierre nue et de lambris de bois dans les tons de gris ardoise et de brun forme un cadre de choix pour les plateaux blancs de crustacés colorés. Des petites assiettes (8-15 £) façon tapas sont servies sur commande. (☎ 0131-558 8737 ; www.whitehorseoysterbar.co.uk ; 266 Canongate ; plateau de fruits de mer 48-95 £ ; ⏲ 16h-22h lun-ven, 12h-22h sam-dim ; 🚌 35)

Wedgwood
ÉCOSSAIS **£££**

20 PLAN P. 56, G3

Plats raffinés et pourtant sans chichis, voilà la devise de ce restaurant sympathique. Les produits écossais sont revisités avec inventivité : filet d'agneau à la criste-marine et à la menthe, pétoncles et *korma* de chou-fleur et d'ananas, le tout saupoudré de cacahuètes et de pistaches... Sur la carte également : des salades de

Royal Mile

ALEXEY FEDORENKO/SHUTTERSTOCK ©

/GETTY IMAGES ©

Édimbourg souterrain

Avec l'expansion de la ville à la fin du XVIIIe et au début du XIXe siècle, des ponts furent construits pour relier Old Town aux nouveaux quartiers du Nord et du Sud. Le **South Bridge** (dont la construction fut achevée en 1788) et le **George IV Bridge** (1834) permirent ainsi d'accéder au sud depuis le Royal Mile en enjambant la dépression de Cowgate. De nombreux édifices ont depuis été construits autour et il est devenu difficile de distinguer ces deux ponts. Le George IV Bridge possède neuf arches, dont seules deux restent visibles ; le South Bridge en compte dix-huit, toutes dissimulées.

Ces voûtes souterraines servirent d'abord d'entrepôts, d'ateliers ou de tavernes. Mais avec l'afflux de highlanders pauvres évincés de leurs terres et de réfugiés irlandais chassés par la famine au début du XIXe siècle, les salles sombres et humides devinrent des taudis. Évacuées à la fin du XIXe siècle, les voûtes tombèrent dans l'oubli jusqu'en 1994, année où celles du South Bridge furent ouvertes à des visites guidées, organisées par **Mercat Tours** (plan p. 56, D3 ; ☎0131-225 5445 ; www.mercattours.com ; Mercat Cross ; tarif plein/enfant 16/11 £ ; ⏲10h-21h30 ; 🚌35) ; d'autres abritent désormais d'excellentes discothèques comme le Cabaret Voltaire (p. 69) ou le Caves (p. 71).

plantes sauvages cueillies par le chef en personne. Menu dégustation de 6 plats à 55 £ (végétarien 50 £). (☎0131-558 8737 ; wedgwoodtherestaurant.co.uk ; 267 Canongate ; plats 23-30 £, menu déj 2/3 plats 20/25 £ ; ⏲12h-14h ven-dim et 18h-22h mer-dim ; 🍷 ; 🚌35)

Witchery by the Castle ÉCOSSAIS/FRANÇAIS £££

21 PLAN P. 56, C4

Dans une maison de marchand datant de 1595, ce restaurant cultive une splendeur à l'ancienne : murs lambrissés de chêne, riches tentures et revêtements en cuir rouge. L'escalier conduit à une seconde salle encore plus romantique, le Secret Garden. Les huîtres et le bœuf Aberdeen Angus se côtoient sur la carte, et la cave à vins compte près de 1 000 bouteilles. (☎0131-225 5613 ; www.thewitchery.com ; Castlehill ; plats 25-44 £, formule déj 2 plats 25 £ ; ⏲12h-23h30 ; 🚌23, 27, 41, 42)

Scott's Kitchen ÉCOSSAIS, CAFÉ £

22 PLAN P. 56, C4

Carrelage vert, cuir brun et fenêtres georgiennes cintrées : voilà pour le cadre de ce café moderne qui sert d'excellentes spécialités écossaises et des plats internationaux. Au menu jusqu'à midi : œufs Bénédicte et *baps* (petits pains) au bacon. Puis au déjeuner : boulettes de haggis, calmars croustillants et sandwich jambon fumé-cheddar écossais. (0131-322 6868 ; www.scottskitchen.co.uk ; 4-6 Victoria Tce ; plats 8-10 £ ; 9h-18h ; P ; 23, 27, 41, 42)

David Bann

VÉGÉTARIEN ££

23 PLAN P. 56, G3

L'élégant restaurant de David Bann illustre avec talent toute l'inventivité et la saveur de la cuisine végétarienne. Craquez par exemple pour le strudel aux champignons, au romarin, au fromage d'Arran et à l'*Heather Ale*, avec chips de polenta et sauce à l'échalote. (0131-556 5888 ; davidbann.com ; 56-58 St Mary's St ; plats 12-15 £ ; 12h-22h lun-ven, 11h-22h sam-dim ; ; 35)

Amber

ÉCOSSAIS ££

Comment ne pas tomber sous le charme d'un établissement où le serveur vous accueille en précisant qu'il sera votre "conseiller-whisky" ? Situé dans la Scotch Whisky Experience (p. 58 ; voir 3 plan p. 56, B4), ce restaurant sur le thème du whisky réussit à éviter les clichés pour touristes. Les plats piquent la curiosité et mettent à l'honneur des produits écossais de premier choix. Un accord mets-whisky est proposé pour chacun. (0131-477 8477 ; www.scotchwhiskyexperience.co.uk/

Statue du philosophe David Hume, dans High Street

DIBROVA/SHUTTERSTOCK ©

restaurant ; 354 Castlehill ; plats 15-20 £ ; 11h-20h ; ; 23, 27, 41, 42)

Wings

FAST-FOOD £

24 PLAN P. 56, E4

La restauration dans sa forme la plus simple. Commandez une assiette de six ailes de poulet grillées au charbon de bois avec la sauce de votre choix (deux douzaines sont disponibles, comme piment ou tequila-citron vert) et une boisson. Et, si vous avez encore faim… repassez commande ! Chouette déco, inspirée de la SF et de la BD. (0131-629 1234 ; facebook.com/wings.edinburgh ; 5/7 Old Fishmarket Close ; portion 4,50 £ ; 16h-23h lun, 12h-23h mar-dim ; 23, 27, 41, 42)

Musique à St Giles

La **cathédrale St Giles** (www.stgilescathedral.org.uk ; High St, EH1 1RE ; 23, 27, 41, 42) accueille régulièrement des concerts de musique classique. Le programme varié (consultez le site, rubrique *Events*) comprend des concerts prisés le midi et en soirée, ainsi que des récitals d'orgue. Le chœur de la cathédrale chante le dimanche aux messes de 10h et de 11h30.

Maxie's Bistro

BISTROT ££

25 PLAN P. 56, C4

L'intérieur, avec ses bougies, ses coussins, ses murs de pierre nue et ses poutres apparentes, offre un cadre plaisant pour le dîner. En été, à l'heure du déjeuner, la file d'attente est longue pour obtenir une table sur la terrasse donnant sur Victoria Street. Et pour cause : il s'agit d'une valeur sûre, des plats du jour aux pâtes, steaks et poêlées, en passant par les plateaux de fruits de mer. Réservation recommandée, surtout en été. (0131-226 7770 ; maxiesbistro.com ; 5b Johnston Tce ; plats 10-27 £ ; 12h-23h ; ; 23, 27, 41, 42, 67)

Edinburgh Larder

CAFÉ £

26 PLAN P. 56, F3

Bien situé à côté du Royal Mile, ce café clair et convivial ne sert que des produits écossais de saison (la liste de fournisseurs est affichée sur le mur). À l'heure du brunch, optez par exemple pour des œufs Bénédicte ou l'assiette "Taste of Scotland", avec saumon chaud, saumon fumé, fromages bio, gâteaux secs (*oatcakes*) et salade. (0131-556 2350 ; www.edinburghlarder.co.uk ; 15 Blackfriars St ; plats 9-15 £ ; 8-17h lun, jeu-ven, 8h30-17h sam-dim ; ; 35)

Prendre un verre

The Bow Bar

PUB

27 PLAN P. 56, C4

Cet excellent pub à l'allure traditionnelle (pas aussi ancien qu'il en a l'air) est réputé pour ses bières de tradition et sa vaste sélection de whiskies et de gins écossais. Il est difficile d'y trouver une place assise le vendredi et le samedi soir. (www.thebowbar.co.uk ; 80 West Bow ; 12h-0h ; ; 2, 23, 27, 41, 42)

Cabaret Voltaire

DISCOTHÈQUE

28 PLAN P. 56, E4

Ce club alternatif occupe un dédale pittoresque de caves voûtées. Ici, pas d'immense piste de danse ou de culte au DJ star, mais un "creuset créatif", mélange éclectique de DJ sets, de concerts, de comédie, de théâtre, d'arts visuels et de *spoken word* (art oratoire). (www.thecabaretvoltaire.com ; 36-38 Blair St ; 17h-3h mar sam, 20h-1h dim ; ; tout bus pour le South Bridge)

Bongo Club

DISCOTHÈQUE

29 PLAN P. 56, D4

Géré par une association d'artistes locale, ce lieu formidable et décalé accueille toutes sortes de manifestations, des performances artistiques au théâtre pour enfants. (www.thebongoclub.co.uk ; 66 Cowgate ; 23h-3h mar et jeu, 19h-3h ven-dim ; ; 2)

EDDIE JORDAN PHOTOS/SHUTTERSTOCK ©

Orgue de la cathédrale St Giles (p. 58)

BrewDog

BAR

30 PLAN P. 56, E4

Avant-poste à Édimbourg de la brasserie pseudo-punk écossaise, le BrewDog se démarque des bars au sol poisseux qui s'alignent dans Cowgate, avec son bar en béton ciré et son cadre industriel chic et branché. Outre ses propres bières, très appréciées, il propose une sélection d'autres bières de tradition. (www.brewdog.com ; 143 Cowgate ; 12h-1h ven-mar, 17h-22h mer-jeu ; ; 2, 35)

Salt Horse Beer Shop & Bar

BAR

31 PLAN P. 56, F4

Un établissement indépendant niché dans une rue reliant le Royal

Sandy Bell's

Le **Sandy Bell's** (plan p. 56, D5 ; 0131-225 2751 ; 25 Forrest Rd ; 12h-1h lun-sam, 12h30-0h dim ; 2, 23, 27, 35, 41, 42, 45) est un pilier de la musique traditionnelle (l'épouse du fondateur chantait avec les Corries). Concerts tous les soirs à 21h en semaine, à 14h le samedi et à 16h le dimanche ; nombreuses jam-sessions.

Mile à Cowgate. Le magasin vend environ 400 bières différentes, à consommer sur place ou à emporter, tandis que le bar propose 12 bières pression, locales ou importées, et une petite carte (parfaite) de burgers maison, de *Scotch eggs* (œufs durs ou mollets, entourés de viande hachée et panés), de charcuterie et de plateaux de fromages. (0131-558 8304 ; www.salthorse.beer ; 57-61 Blackfriars St ; 12h-18h jeu, 12h-20h ven-dim ; 35)

Checkpoint

BAR

32 PLAN P. 56, E5

À la fois café, bar et restaurant (riche carte avec petits-déjeuners, en-cas et plats plus consistants), le chaleureux Checkpoint s'impose comme l'une des adresses les plus cool d'Édimbourg. La salle fonctionnelle, avec murs blancs et baies vitrées, est baignée de lumière et assez vaste pour accueillir un ancien conteneur. (0131-225 9352 ; checkpointedinburgh.com ; 3 Bristo Pl ; 10h-1h ; ; 2, 47)

Paradise Palms

BAR

33 PLAN P. 56, E5

Un bar d'étudiants sans prétention, fait de bric et de broc (néons, boules à facettes et peluches au-dessus du comptoir), avec cocktails inattendus à prix abordables, délicieuse cuisine veggie et musique à tue-tête. Soirées DJ et cabaret régulières. (0131-225 4186 ; www.theparadisepalms.com ; 41 Lothian St ; 12h-1h ; ; 2, 41, 42, 47)

Holyrood 9A

PUB

34 PLAN P. 56, G4

Les bougies scintillantes sur fond de bois poli renforcent le charme de ce pub adapté aux familles, où une vingtaine de tireuses servent des bières artisanales de tous les coins d'Écosse et du monde. Excellent burger gastronomique ; menu enfants. (www.theholyrood.co.uk ; 9a Holyrood Rd ; 9h-0h dim-jeu, 9h-1h ven-sam ; ; 35)

Liquid Room

DISCOTHÈQUE

35 PLAN P. 56, C4

Dans les tréfonds d'une cave voûtée sous Victoria Street, le Liquid Room est une formidable discothèque... à la sono cataclysmique. Soirées club le mercredi et le samedi, DJ sets et concerts les autres soirs. Programme sur le site Internet. (www.liquidroom.com ; 9c Victoria St ; concerts à partir de 19h, discothèque 22h30-3h ; 2, 23, 27, 41, 42)

Jolly Judge

PUB

36 PLAN P. 56, C4

Ce petit pub niché dans une impasse, avec une cheminée pour les froides soirées d'hiver, évoque le XVIIe siècle (plafond bas, poutres). Ici, ni musique ni jeux : juste le bruit des conversations. (7a James Ct ; 12h-21h lun-jeu, 12h-22h ven-sam, 14h-20h dim ; ; 23, 27, 41, 42)

The Malt Shovel

PUB

37 PLAN P. 56, D3

Tout en bois sombre avec des touches de tartan, ce pub typique propose un bon choix de *real ales* et plus de 40 whiskies pur malt. Excellente cuisine de pub. (0131-225 6843 ; www.maltshovelinn-edinburgh.co.uk ; 11-15 Cockburn St ; 11h-23h lun-mer, 11h-0h jeu et dim, 11h-1h ven-sam ; ; 6)

Sortir

Caves

MUSIQUE LIVE

38 PLAN P. 56, F4

Aménagée dans de vieilles caves voûtées sous le South Bridge, cette salle spectaculaire accueille des soirées club et des concerts, ainsi que des *cèilidh* (musique et danse traditionnelles) pendant l'Edinburgh International Festival. Cliquez sur l'onglet *What's On* du site Internet pour connaître le programme. (www.unusualvenuesedinburgh.com/venues/the-caves-venue-edinburgh ; 8-12 Niddry St South ; 35)

Royal Oak

MUSIQUE TRADITIONNELLE

39 PLAN P. 56, F4

Ce minuscule pub dédié à la musique traditionnelle est très apprécié : arrivez tôt pour avoir une place (musique à partir de 21h en semaine, de 18h et 21h30 le samedi, de 16h30 et 19h le dimanche). Le samedi soir, tout

Scotsman Steps

L'art public dans toute sa splendeur : harmonieux, discret, accessible. En 2010, la **Fruitmarket Gallery** (plan p. 56, E2 ; www.fruitmarket.co.uk ; 45 Market St ; gratuit ; 11h-18h ; ; tout bus pour le North Bridge) commanda à Martin Creed, lauréat du prix Turner, une œuvre permanente pour les **Scotsman Steps** (www.fruitmarket.co.uk/scotsman-steps ; gratuit ; 6, tout bus pour le North Bridge), un escalier construit en 1899 pour relier Old Town à New Town.
Le résultat : 104 couleurs de marbre différentes pour les 104 marches, qui ont redonné vie à un coin négligé de la ville. Accès par Market Street et le North Bridge.

le monde est invité à participer dans le *lounge* : apportez votre instrument ou donnez de la voix ! (☎0131-557 2976 ; www.royal-oak-folk.com ; 1 Infirmary St ; 11h30-2h lun-sam, 12h30-2h dim ; tout bus pour le South Bridge)

Jazz Bar

JAZZ, BLUES

40 PLAN P. 56, F4

Une cave pittoresque avec parquet ciré, murs en pierres apparentes et bougies sur les tables, tenue par des musiciens de jazz. Concert tous les soirs de 21h à 3h, à partir de 15h le samedi.Également : blues, funk, soul et musique fusion. (www.thejazzbar.co.uk ; 1a Chambers St ; 3-7 £ ; 17h-3h dim-ven, 13h30-3h sam ; ; 35, 45)

Bannerman's

MUSIQUE LIVE

41 PLAN P. 56, F4

Une salle établie de longue date, bien connue de ceux qui ont fait leurs études à Édimbourg au cours des 40 dernières années ! Le Bannerman's s'étend dans d'anciennes caves sous le South Bridge. On s'y presse pour assister aux concerts des groupes rock, punk et indie, 5 ou 6 soirs par semaine. (www.facebook.com/BannermansBar ; 212 Cowgate ; 12h-1h lun-sam, 12h30-1h dim ; ; 35)

Whistle Binkie's

MUSIQUE LIVE

42 PLAN P. 56, F3

Non loin du Royal Mile, ce bar en sous-sol fréquenté accueille des concerts rock, blues, folk ou jazz presque chaque soir. La traditionnelle scène ouverte du lundi est une vitrine pour les nouveaux talents. (whistlebinkies.com ; 4-6 South Bridge ; gratuit, sauf ven-sam après minuit ; 17h-3h dim-jeu, 13h-3h ven-sam ; tout bus pour le South Bridge)

Bedlam Theatre

COMÉDIE

43 PLAN P. 56, D5

Depuis plus de 25 ans, ce théâtre organise les *Improverts*, des spectacles d'improvisation appréciés des étudiants. En 2021, ils devraient reprendre à 22h30 le vendredi en période scolaire – soirée amusante et divertissante garantie ! (☎0131-629 0430 ; bedlamtheatre.co.uk ; 11b Bristo Pl ; 3,50 £ ; 2, 23, 27, 41, 42)

Shopping

Armstrong's

MODE

44 PLAN P. 56, C5

Une institution d'Édimbourg, fondée en 1840 : un grand magasin de vêtements vintage de qualité, où vous trouverez aussi bien d'élégantes robes des années 1940 que des tenues funky des années 1970. C'est également l'endroit rêvé pour dénicher un kilt ou des vêtements en Harris Tweed d'occasion, ou pour chercher l'inspiration avant une soirée déguisée. (☎0131-220 5557 ; www.armstrongsvintage.co.uk ; 83 Grassmarket ; 10h-17h30 lun-jeu, 10h-18h ven-sam, 12h-18h dim ; 2)

Royal Mile Whiskies

ALIMENTATION

45 PLAN P. 56, D3

Aux côtés des mignonnettes et des bouteilles de whiskies pur malt, on trouve également des *blended whiskies*, du whisky irlandais et du bourbon. Vente en ligne également. (0131-225 3383 ; www.royalmilewhiskies.com ; 379 High St ; 10h-18h ; 23, 27, 41, 42)

Bill Baber

MODE

46 PLAN P. 56, C4

Cet atelier de tricotage familial, qui existe depuis plus de 40 ans, donne naissance à des vêtements élégants et colorés en lin, laine mérinos, soie et coton. (0131-225 3249 ; www.billbaber.com ; 66 Grassmarket ; 9h-18h lun-sam ; 2)

Hannah Zakari

BIJOUX

47 PLAN P. 56, D4

La bijouterie la plus tendance d'Édimbourg, avec des pièces originales de créateurs indépendants du monde entier. Les colliers, boucles d'oreille, broches, cartes, posters et accessoires y sont magnifiquement présentés. Un régal pour les yeux, un danger pour le portefeuille. (0131-226 5433 ; hannahzakari.co.uk ; 43 Candlemaker Row ; 12h-17h30 lun-ven, 11h-17h30 sam, 12h30-16h30 dim ; 2, 23, 27, 41, 42)

Ragamuffin

MODE ET ACCESSOIRES

48 PLAN P. 56, G3

Des tissus et lainages de qualité, y compris du cachemire Johnstons of Elgin, des pull-overs de Fair Isle

Royal Mile Whiskies

4CLIPS/SHUTTERSTOCK ©

et des vêtements en Harris Tweed. (☎0131-557 6007 ; www.facebook.com/ragamuffinclothesandknitwear ; 278 Canongate ; ⌚10h-18h lun-sam, 12h-17h dim ; 🚌35)

Godiva MODE ET ACCESSOIRES

49 PLAN P. 56, B5

Des créations à la fois vintage et avant-gardistes pour une boutique peu conventionnelle, primée et engagée en faveur d'une mode éthique. (☎0131-221 9212 ; godivaboutique.co.uk ; 9 West Port, EH1 2JA ; ⌚10h30-18h lun et jeu-sam, 11h30-17h dim ; 🚌2)

Geoffrey (Tailor) Inc MODE

50 PLAN P. 56, F3

Geoffrey taille sur mesure des robes traditionnelles écossaises et des kilts dans le tartan du clan de votre choix. Sa seconde enseigne, **21st Century Kilts** (www.21stcenturykilts.com ; Duntarvie Castle à West Lothian), propose des kilts modernes – divers tissus. (☎0131-557 0256 ; geoffreykilts.co.uk ; 57-59 High St, EH1 1SR ; ⌚9h30-18h lun-sam, 10h30-17h30 dim ; 🚌35)

Blackwell's Bookshop LIBRAIRIE

51 PLAN P. 56, F4

Cette succursale d'une enseigne basée à Oxford est la principale librairie de la ville. On y trouve de tout, notamment un vaste choix de livres universitaires. (☎0131-622 8222 ; blackwell.co.uk ; 53-62 South Bridge ; ⌚10h-18h lun-sam, 12h-18h dim ; 🚌tout bus pour le South Bridge)

Armstrong's (p. 72)

SCOTT LOUDEN/SHUTTERSTOCK ©

Shopping dans Cockburn Street

Cockburn Street est bordée de boutiques tendance dans lesquelles afflue la jeunesse branchée d'Édimbourg. On y trouve notamment :

Pie in the Sky (plan p. 56, E3 ; 0131-220 1477 ; www.facebook.com/pieinthesky72 ; 47 Cockburn St ; 10h-17h30 ; 35). Mode vintage et alternative.

Underground Solush'n (plan p. 56, D3; 0131-226 2242 ; www.undergroundsolushn.com ; 9 Cockburn St ; 10h-17h lun-mer et sam, 10h-18h jeu-ven, 11h-17h dim ; 35). Vinyles neufs et d'occasion ; l'un des meilleurs disquaires de la ville.

Cookie (plan p. 56, E3 ; 0131-622 7260 ; www.facebook.com/cookiecockburnstreet ; 29a Cockburn St ; 10h-17h30 ; 35). Jolies robes de soirée.

Museum Context (plan p. 56, E3 ; 0131-629 0534 ; www.museumcontext.com ; 42-44 Cockburn St ; 10h-18h lun-sam, 11h-17h dim ; 35). Caverne d'Ali Baba remplie de cadeaux originaux.

Joyce Forsyth Designer Knitwear

MODE ET ACCESSOIRES

52 PLAN P. 56, D5

Le modèle phare de Miss Forsyth est un manteau évasé en laine flamboyante (peut être réalisé sur commande dans la couleur de votre choix). Cette créatrice propose aussi des vestes, des pulls, des chapeaux, des écharpes et des châles. Pour une vision moderne du tricot ! (0131-220 4112 ; www.joyceforsyth.co.uk ; 42 Candlemaker Row ; 10h-17h30 mar-sam ; 2, 23, 27, 41, 42)

Mr Wood's Fossils

CADEAUX

53 PLAN P. 56, C4

Une fascinante boutique de minéraux, de pierres précieuses, de fossiles et d'autres trésors géologiques, fondée par Stan Wood, le spécialiste qui a découvert Lizzie, le plus ancien fossile de reptile connu à ce jour (visible au National Museum of Scotland). (0131-220 1344 ; www.mrwoodsfossils.co.uk ; 5 Cowgatehead ; 10h-17h30 ; 2)

Kilberry Bagpipes

INSTRUMENTS DE MUSIQUE

54 PLAN P. 56, G3

Ce fabricant de cornemuses des Highlands vend aussi des caisses claires, des livres, des CD et du matériel d'apprentissage. (0131-556 9607 ; kilberrybagpipes.com ; 27 St Mary's St ; 8h30-16h30 lun-ven, 10h-14h sam ; 35)

Explorer

Holyrood et Arthur's Seat

Jadis pratiquement en ruine, le quartier au pied du Royal Mile, qui se déploie face à l'imposant palais de Holyroodhouse, connut une véritable métamorphose à la suite de la construction du siège du nouveau Parlement écossais. Ancienne chasse des rois écossais dominée par la petite montagne d'Arthur's Seat, Holyrood Park offre aux citadins une oasis de nature en plein cœur de la ville.

Notre sélection

- ***Palais de Holyroodhouse (p. 78)**. La résidence officielle de la famille royale en Écosse.*
- ***Parlement écossais (p. 80)**. Dans un édifice contemporain spectaculaire.*
- ***Arthur's Seat (p. 85)**. La vue depuis le sommet de la montagne miniature d'Édimbourg mérite bien quelques efforts !*
- ***Rhubarb (p. 87)**. Tenue correcte de rigueur dans ce restaurant somptueux. Pour un repas inoubliable.*
- ***Sheep Heid Inn (p. 88)**. Quilles et bière artisanale au programme dans ce pub historique.*

Comment y aller et circuler

Le bus Lothian n°35 rejoint Holyrood depuis le South Bridge en suivant la partie sud du Royal Mile. Le n°42 passe par Duddingston Rd West, près de Duddingston Village. Les n°s 4, 5, 26, 44 et 45 circulent dans London Road, près de l'entrée nord de Holyrood Park.

Plan du quartier p. 84

Bâtiment du Parlement écossais (p. 80)

ARCHITECTE : ENRIC MIRALLES ; CORNFIELD/SHUTTERSTOCK ©

Les incontournables

Palais de Holyroodhouse

Résidence officielle de la famille royale en Écosse, ce palais est surtout célèbre pour avoir été la demeure de la malheureuse Marie Stuart, reine d'Écosse, qui y passa six années agitées (1561-1567). Il s'étend sur le site d'une hôtellerie de l'abbaye de Holyrood. La partie la plus ancienne, la tour nord-ouest, fut construite en 1529 pour Jacques V et son épouse française, Marie de Guise.

PLAN P. 84, B2

www.rct.uk/visit/palace-of-holyroodhouse

Canongate, Royal Mile

Tarif plein/enfant avec audioguide 16,50/9,50 £

9h30-18h, dernière entrée 16h30 avr-oct, 9h30-16h30, dernière entrée 15h15 nov-mars

35

Great Gallery

La visite audioguidée, qui conduit à travers une impressionnante série d'appartements royaux, s'achève par la **Grande Galerie**. Les 89 portraits de rois écossais (réels ou légendaires) furent commandés par Charles II. Il souhaitait ainsi illustrer sa lignée prétendument ininterrompue depuis Scota, fille légendaire d'un pharaon descendant de Moïse.

Chambre de Marie Stuart

Le clou de la visite est sans conteste la chambre à coucher de Marie Stuart qui était reliée par un **escalier secret** à la chambre de son mari. C'est ici que son deuxième époux, le jaloux lord Darnley, la retint, alors qu'elle était enceinte, pendant que ses hommes de main assassinaient son secrétaire (et favori) David Rizzio. Une plaque dans la pièce voisine signale l'endroit où l'infortuné perdit la vie.

Holyrood Abbey

L'entrée au palais inclut une visite guidée de l'**abbaye de Holyrood** (www.historicenvironment.scot ; Canongate, EH8 8DX ; gratuit avec le palais de Holyroodhouse ; avr-oct seulement), située juste à côté. Fondée par David Ier en 1128, elle devrait son nom à un fragment de la Vraie Croix (*rood* en vieux scots signifie "croix") qu'aurait rapporté sa mère, sainte Marguerite d'Écosse. Les ruines actuelles datent des XIIe et XIIIe siècles ; le caveau royal renferme les dépouilles des rois David II, Jacques II et Jacques V, ainsi que celle de lord Darnley.

★ À savoir

- Le palais est fermé au public lorsque la famille royale s'y trouve et durant les réceptions officielles (en général à la mi-mai et de mi-juin à début juillet) ; consultez le site Internet pour les dates exactes.
- Vous pouvez flâner dans le palais à votre rythme. Un audioguide est inclus dans le prix d'entrée. Comptez au moins 1 heure-1 heure 30.
- Si vous souhaitez visiter aussi la Queen's Gallery (p. 86), achetez un billet combiné.

Une petite pause ?

- Le **Café at the Palace** (Mews Courtyard, Queen's Gallery, Horse Wynd, EH8 8DX ; plats 6-11 £ ; 9h30-18h avr-oct, jusqu'à 16h30 nov-mars ; ; 35), dans la cour de la Queen's Gallery, sert des soupes et des en-cas.
- Hemma (p. 88), tout proche, prépare des plats qui plaisent aux familles !

Les incontournables

Parlement écossais

Le beau siège contemporain du Parlement écossais, dessiné par le Catalan Enric Miralles et inauguré par la reine en 2004, n'échappa pas aux controverses à l'époque de sa construction. Le Parlement fut créé après le référendum de 1997 (devolution referendum) *qui aboutit au transfert du pouvoir de décision du Parlement britannique vers l'Assemblée écossaise dans les domaines économique, culturel et social.*

PLAN P. 84, B2

www.parliament.scot

Horse Wynd

Gratuit

pendant les sessions 9h-18h30 mar-jeu, 10h-17h lun et ven-sam, hors session 10h-17h mar-jeu

35

Extérieur

L'architecte Enric Miralles (1955-2000), mort avant l'achèvement du projet, voyait dans ses monuments des œuvres d'art. Mais quand son bâtiment en béton surgit au pied des Salisbury Crags, il laissa d'abord quelque peu perplexes certains Édimbourgeois. À l'extérieur, la moindre forme est symbolique, des fenêtres du mur ouest inspirées de l'un des tableaux les plus célèbres d'Écosse, *Reverend Robert Walker Skating on Duddingston Loch* (pour les voir, engagez-vous dans Reid's Close au 80 Canongate), aux panneaux en forme de L inversé sur la façade représentant un rideau en train d'être ouvert. Le plan d'ensemble du bâtiment symbolise la "fleur de la démocratie enracinée dans le sol écossais" (mieux visible du haut des Salisbury Crags).

Chambre des débats

Accessible par l'entrée du public, le **hall principal** (Main Hall) possède un plafond bas à trois voûtes en béton poli, qui évoque une grotte, un cellier ou la cave d'un château. Assez sombre, il est le point de départ du voyage métaphorique de cette relative obscurité jusqu'à la **Chambre des débats**, au-dessus du hall principal : par contraste, celle-ci s'impose comme un palais de la lumière de la démocratie. Cette salle grandiose forme le cœur du Parlement. Elle est conçue non pour glorifier les hommes et femmes politiques qui y siègent, mais pour les rendre plus humbles. Les fenêtres donnent sur Calton Hill, ce qui permet aux parlementaires d'en admirer les monuments (témoins du siècle des Lumières écossais), tandis que d'imposantes poutres de chêne, réunies en pointes successives, sont suspendues par des câbles en acier au-dessus de leurs têtes, comme autant d'épées de Damoclès.

★ À savoir

- Le hall principal, où se tient une exposition, le café-boutique et la galerie de la Chambre des débats sont ouverts aux visiteurs, qui doivent se munir d'un billet – plus de détails sur le site Internet.
- Vous pouvez aussi participer à une visite guidée gratuite de 1 heure (réservez tôt).
- Pour voir siéger le Parlement, consultez les horaires sur le site Internet. Les séances ont généralement lieu du mardi au jeudi, toute l'année.

✕ Une petite pause ?

- Vous trouverez un café dans le bâtiment du Parlement, à l'arrière du hall principal. Il en existe un autre de l'autre côté de la rue, à la Queen's Gallery.

Promenade à pied

Au vert dans Holyrood Park

Ancien terrain de chasse des monarques écossais, Holyrood Park a peu changé depuis le XVIe siècle. Havre de nature sauvage en plein cœur de la ville, il offre, sur 263 ha, une grande variété de paysages (rochers abrupts, lande, loch et montagne miniature d'Arthur's Seat) qui font le bonheur des promeneurs, des cyclistes et des pique-niqueurs le week-end lorsqu'il fait beau.

La promenade

Départ Holyrood Park, entrée nord ; Meadowbank Stadium

Arrivée Duddingston Village ; Holyrood High School

Distance 4,2 km

Durée 2 heures

❶ St Margaret's Loch

À l'entrée nord du parc, empruntez le Duke's Walk pour gagner St Margaret's Loch. Ce bassin est connu pour ses nombreux cygnes et canards (ne les nourrissez pas : l'alimentation humaine n'est pas bonne pour eux).

❷ St Anthony's Chapel

De la rive sud du loch, grimpez jusqu'aux ruines de cette chapelle dont les origines restent obscures. Elle pourrait avoir été rattachée à un hôpital de Leith financé par le roi Jacques Ier ou avoir servi d'amer aux bateaux dans le Firth of Forth (estuaire du Forth).

❸ St Margaret's Well

Redescendez jusqu'à la route, où vous trouverez ce beau puits gothique de la fin du XVe siècle. Il fut déplacé ici, en 1860, après la construction d'un dépôt ferroviaire sur son site d'origine. Admirez sa voûte ouvragée depuis la grille à l'entrée.

❹ Radical Road

Ce sentier au pied des Salisbury Crags fut créé en 1820 à l'initiative de sir Walter Scott, pour donner du travail aux tisserands au chômage (son nom fait référence à l'appartenance politique de ces derniers). Il est actuellement fermé en raison de risques d'éboulement : rebroussez chemin et bifurquez à droite dans Volunteer's Walk.

❺ Hutton's Section

À l'extrémité sud des falaises, un panneau incrusté dans un rocher signale le plus célèbre promontoire rocheux d'Édimbourg. En 1788, James Hutton, pionnier de la géologie, s'en servit pour appuyer sa théorie selon laquelle les roches basaltiques des Salisbury Crags furent formées par le refroidissement de lave en fusion.

❻ Queen's Drive

Continuez sur cette route créée au XIXe siècle pour servir de promenade à la reine Victoria et au prince Albert. Fermée aux véhicules à moteur le dimanche, elle serpente sur les versants sud d'Arthur's Seat et offre une belle vue sur la ville et les Pentland Hills.

❼ Jacob's Ladder

À l'endroit où la route bifurque soudain vers le nord (gauche), un sentier indiqué sur la droite mène à cet escalier raide de 209 marches qui descend vers Duddingston Village.

❽ Duddingston Village

Ce pittoresque hameau date du XIIe siècle. Toutefois, seule l'église subsiste de cette époque et les maisons actuelles datent plutôt du XVIIIe siècle. C'est notamment le cas de celle du **Sheep Heid Inn** (p. 88), un un excellent pub. Avant la bataille de Prestonpans en 1745, Charles Édouard Stuart tint un conseil de guerre non loin de là, au **Prince Charlie's Cottage**.

Nos adresses
Les incontournables p. 78
Voir p. 85
Se restaurer p. 87
Prendre un verre p. 88
A
B
C
D
1
2
3
4
5
6
London Rd
Royal Terrace Gardens
Royal Tce
Easter Rd
Montrose Tce
13
Calton Hill
Regent Gardens
Abbeymount
Regent Rd
Regent Tce
Abbeyhill
Calton New Burial Ground
Calton Rd
12
Queen's Gallery 5
Palais de Holyroodhouse
Parlement écossais
Canongate (Royal Mile)
7
Scottish Poetry Library
10
4
Our Dynamic Earth
St Margaret's Loch
Queen's Dr
Holyrood Rd
The Pleasance
Volunteer's Walk
3
Holyrood Park
Piper's Walk
Arthur's Seat
1
Arthur's Seat (251 m)
St Leonard's La
St Leonard's St
8
Holyrood Distillery
Radical Rd
Dalkeith Rd
S Clerk St
Holyrood Park Rd
University of Edinburgh (résidence de Pollock Halls)
Duddingston Low Rd
Queen's Dr
E Preston St
2
6
11
0 500 m
0 0,25 mile
9
Prestonfield Golf Course

Voir

Arthur's Seat

SITE

1 PLAN P. 84, D5

Arthur's Seat (251 m), vestige d'un volcan depuis longtemps éteint et érodé par la glace, est l'un des sites emblématiques d'Édimbourg. La vue depuis le sommet mérite le détour. Elle balaye l'horizon, depuis les ponts sur l'estuaire du Forth à l'ouest jusqu'à la colline conique de North Berwick Law à l'est ; au nord-ouest, on distingue les Ochil Hills et les Highlands. Depuis Holyrood, la balade jusqu'au sommet prend environ 45 minutes. (Holyrood Park ; 35)

Dr Neil's Garden

JARDIN PUBLIC

2 PLAN P. 84, D6

Le jardin secret par excellence d'Édimbourg, à l'ombre d'une église du XIIe siècle. Aménagé dans les années 1960 par les docteurs Andrew et Nancy Neil sur un bout de terre sauvage, là où Arthur's Seat descend en pente vers le loch Duddingston, il comprend des conifères, des bruyères et des plantes alpestres, ainsi qu'un remarquable jardin médicinal. Asseyez-vous sur un banc pour vous imprégner de l'ambiance méditative de ce lieu à part. (07849 187995 ; www.drneilsgarden.co.uk ; Old Church Lane, Duddingston Village ; gratuit ; 10h-coucher du soleil ; 42)

Dr Neil's Garden

MARTON SZELES/SHUTTERSTOCK ©

Randonnée urbaine à Arthur's Seat

Pour gravir Arthur's Seat depuis Holyrood, traversez Queen's Drive et suivez le sentier qui grimpe à gauche, sous l'extrémité nord des Salisbury Crags, en direction des ruines de St Anthony's Chapel. Puis obliquez vers le sud, en prenant le sentier accidenté le long du lit d'une petite dépression à l'est des Long Row Crags. Le chemin décrit ensuite une courbe vers la gauche et grimpe en pente plus raide, par des marches, jusqu'à un petit col ; là, tournez à droite et montez jusqu'au sommet rocheux d'Arthur's Seat.

Holyrood Park PARC

3 PLAN P. 84, B4

Un coin de nature sauvage en plein cœur de la ville (voir p. 82), dont on peut en faire le tour en voiture ou à vélo en suivant Queen's Drive (fermée aux véhicules à moteur le dimanche). (6, 35)

Our Dynamic Earth EXPOSITION

4 PLAN P. 84, B3

Ce centre propose un voyage multimédia et interactif à travers l'histoire de la Terre, du big bang à nos jours. Très apprécié des enfants, c'est un ensemble clinquant d'effets spéciaux et de films en 3D, conçus pour exciter la curiosité des petits pour tout ce qui touche à la géologie et à l'environnement. Avant un passage à la boutique – avec dinosaures miniatures, T-shirts, etc. (dynamicearth.co.uk ; Holyrood Rd ; tarif plein/enfant 15,95/9,95 £ ; 10h-17h30 tlj Pâques-oct, 10h-17h30 mer-dim nov-Pâques ; ; 35)

Queen's Gallery MUSÉE

5 PLAN P. 84, B2

Ce superbe musée moderne a été aménagé dans une ancienne église et une école attenante. Il accueille des expositions temporaires d'œuvres d'art issues des collections royales, renouvelées tous les 6 mois. (rct.uk/visit/the-queens-gallery-palace-of-holyroodhouse ; Horse Wynd ; tarif plein/enfant 7,80/3,90 £, avec Holyroodhouse 21,90/12 £ ; 9h30-18h, dernière entrée 17h jeu-lun avr-oct, 9h30-16h30, dernière entrée 15h30 jeu-lun nov-mars ; 35)

Duddingston Kirk ÉGLISE

6 PLAN P. 84, D6

Sur un promontoire dominant le loch Duddingston, cette église figure parmi les monuments les plus anciens d'Édimbourg. Quelques pièces datant de l'époque médiévale sont visibles à la porte de son cimetière : vous remarquerez le joug en métal qui servait à entraver criminels et pécheurs et le *loupin-on stane*, un escalier en pierre dont s'aidaient les paroissiens corpulents ou perclus d'arthrite pour enfourcher leur cheval. La **tour de guet** du début du XIXe siècle servait à dissuader les voleurs de cadavres (p. 61). (duddingstonkirk.co.uk ; Old Church Lane, Duddingston Village ; gratuit ; 10h-16h jeu-sam, 13h-16h mer et dim ; 42)

Scottish Poetry Library MUSÉE

7 PLAN P. 84, A2

Riche de fantastiques ressources littéraires conservées dans un bâtiment moderne primé près de Canongate, cette bibliothèque dédiée à la poésie accueille régulièrement des expositions et donne des informations sur les fabuleuses sculptures de papier apparues en ville (voir l'encadré ci-dessous). (0131-557 2876 ; spl.org.uk ; 5 Crichton's Cl ; gratuit ; 10h-17h mar-ven, 10h-16h sam ; 35)

Holyrood Distillery DISTILLERIE

8 PLAN P. 84, A5

Ouverte en 2019 dans un hangar ferroviaire vieux de 180 ans, cette distillerie est la première à développer son activité à Édimbourg depuis 1925 (une autre devrait voir le jour à Leith). Elle est trop récente pour faire goûter son whisky (la maturation prend au moins 3 ans), mais la visite guidée permet de découvrir la fabrication et de déguster des nectars d'autres distilleries. (0131-285 8977 ; holyrooddistillery.co.uk ; 19 St Leonards Lane, EH8 9SH ; visites 16,50 £ ; 12h-18h jeu-dim ; 14)

Se restaurer

Rhubarb ÉCOSSAIS £££

9 PLAN P. 84, C6

Aménagé dans le splendide **hôtel Prestonfield** (0131-668 3346 ; www.prestonfield.com ; Priestfield Rd ; ch/ste à partir de 355/445 £ ; P), du XVIIe siècle, ce restaurant satisfait aussi bien le regard que les papilles. À la décoration opulente et à la sensualité des matières (damas, brocart, marbre, cuir estampé

Énigmatiques merveilles de papier

En 2011 et 2012, une artiste anonyme déposa une série de belles sculptures de papier dans plusieurs musées, librairies et bibliothèques d'Édimbourg. Cinq autres furent créées ailleurs en Écosse à l'occasion de la Semaine du livre. D'autres encore apparurent en 2013 et 2014. Chacune, confectionnée à partir d'un vieux livre, faisait écho à des thèmes littéraires : un message de l'artiste a révélé qu'elles avaient été inspirées du poème *Gifts* du poète édimbourgeois Norman MacCaig (1910-1996). Deux d'entre elles sont exposées à la Scottish Poetry Library, où une brochure invite à découvrir les autres.

d'or) répondent les saveurs et les riches textures d'une cuisine écossaise moderne. Menus végétariens et végans disponibles.

Après le repas, dégustez un café et un brandy à l'étage sur les superbes canapés des salles Tapestry ou Leather. À midi, comptez 27/33 £ pour le menu de 2/3 plats. (0131-225 1333 ; prestonfield.com/dine/rhubarb ; Prestonfield, Priestfield Rd ; plats 23-40 £ ; 12h-20h ; P)

Prendre un verre

Hemma

BAR

10 PLAN P. 84, B3

Installé dans le nouveau quartier de Holyrood, tout de verre et d'acier, Hemma ("à la maison" en suédois), qui appartient à la chaîne de bars scandinaves Boda, est une valeur sûre. Il s'agit d'une adresse moderne, avec des fauteuils et des sofas confortables, et des chaises de bois aux couleurs claires. Bons café et gâteaux en journée, *real ales* et cocktails en soirée. (0131-629 3327 ; bodabar.com/hemma ; 75 Holyrood Rd ; 11h-20h lun, 11h-23h mar-jeu, 11h-1h ven, 10h-1h sam, 10h-20h dim ; ; 35)

Sheep Heid Inn

PUB

11 PLAN P. 84, D6

La plus vieille taverne d'Édimbourg (sa licence remonte à 1360) tient davantage du pub de campagne chic que du bar de ville. Tapie dans

Le mystère des cercueils miniatures

En juillet 1836, cinq jeunes garçons qui chassaient les lapins sur les pentes d'Arthur's Seat firent une étrange découverte : dans une cavité sous un rocher, disposés sur une pile d'ardoises, se trouvaient 17 minuscules cercueils en bois. Chacun ne mesurait que 10 cm de long et renfermait une figurine à visage humain en bois grossièrement taillée, et habillée de petits vêtements cousus main.

De nombreuses théories ont été avancées. Selon la plus convaincante, ces cercueils auraient été fabriqués après les tristement célèbres meurtres de Burke et Hare : le nombre de cercueils correspondait au nombre de victimes connues. On croyait à l'époque que les gens dont les corps avaient été disséqués ne pouvaient entrer au royaume des cieux. Ainsi, quelqu'un aurait sculpté ces minuscules figurines afin de fournir aux victimes des meurtres une forme de sépulture chrétienne.

Huit de ces 17 cercueils subsistent et sont exposés au National Museum of Scotland (p. 48). L'auteur édimbourgeois Ian Rankin s'est inspiré de cette histoire macabre pour son roman policier intitulé *La Colline des chagrins* (Le Masque, 2005).

KAY ROXBY/ALAMY STOCK PHOTO ©

Scottish Poetry Library (p. 87)

le voisinage quasi rural d'Arthur's Seat, elle est connue pour sa piste de jeu de quilles du XIXe siècle et son charmant petit *beer garden*. (thesheepheidedinburgh.co.uk ; 43-45 The Causeway, EH15 3QA ; 11h-23h lun-jeu, 11h-0h ven-sam, 12h-23h dim ; ; 42)

Kilderkin

PUB

12 PLAN P. 84, B2

Le pub de quartier réinventé avec bonheur : acajou ciré, vitraux et banquettes confortables. Côté boissons et restauration : des *cask ales* (bières non filtrées et non pasteurisées directement tirées du fût), ainsi que 100 variétés de rhum et des plats corrects. Événements réguliers : quiz, scènes ouvertes, soirées ukulélé et séances de dégustation de whisky. (0131-556 2101 ; kilderkin.co.uk ; 67 Canongate ; 11h-0h lun-ven, 11h-1h sam, 12h30-20h dim ; ; 35)

Regent

PUB GAY

13 PLAN P. 84, C1

Ce bar gay à l'atmosphère tranquille (pas de musique assourdissante) sert café, croissants et excellentes *real ales*, dont la Deuchars IPA et la Caledonian 80/-. C'est le lieu de réunion de diverses communautés, comme les Bear Scots (2e samedi du mois) et les Ruby Fruits (1er dimanche du mois). (0131-661 8198 ; facebook.com/EdinburghRegent ; 2 Montrose Tce ; 12h-1h lun-sam, 12h30-1h dim ; ; 35)

Explorer
New Town

La "ville nouvelle" d'Édimbourg offre un admirable exemple d'architecture et d'urbanisme georgiens qui contraste avec la vieille ville (p. 41) médiévale. Elle a été classée, avec Old Town, au patrimoine mondial de l'Unesco en 1995. Pour une séance shopping avec vue (en continu !) sur le château, cap sur l'impressionnante artère commerçante de Princes Street. George Street abrite plutôt des boutiques de créateurs, ainsi que des bars branchés et des restaurants haut de gamme.

Notre sélection

- ***Scottish National Portrait Gallery (p. 92)**. L'histoire du pays se dessine ici à travers les portraits de ses célébrités.*
- ***Princes Street Gardens (p. 94)**. Un admirable parc, dans le centre d'Édimbourg.*
- ***Scott Monument (p. 95)**. Une vue magnifique vous attend au faîte des 287 marches de cette flèche néogothique.*
- ***Shopping à New Town (98)**. Superbes boutiques au rendez-vous dans Thistle Street.*
- ***Café Royal Circle Bar (p. 111)**. Un superbe pub victorien, pour une bonne une pinte d'IPA !*

Comment y aller et circuler

🚌 Tous les bus d'Édimbourg ou presque passent par Princes Street – tous ne marquent pas tous les arrêts.

🚊 Ligne de tramway entre West End et York Place, le long de Princes Street.

Plan du quartier p. 100

Calton Hill (p. 103) ANNA KUCHEROVA /SHUTTERSTOCK ©

Les incontournables

Scottish National Portrait Gallery

Le palais vénitien néogothique de la Scottish National Portrait Gallery est devenu l'une des attractions phares de la ville. Ses salles illustrent l'histoire écossaise à travers des portraits et des sculptures de personnages célèbres : le poète romantique Robert Burns, Marie Stuart, Sean Connery, l'humoriste Billy Connolly…

PLAN P. 100, E3

0131-624 6200

www.nationalgalleries.org

1 Queen St

Gratuit

10h-17h

tout bus pour York Pl,

St Andrew Sq

Architecture

À l'extérieur, les façades composent un festival néogothique de frises, de pinacles et de sculptures – les niches du 1er étage abritent des statues de rois et de reines, de philosophes, de poètes, d'artistes et de scientifiques écossais. Marie Stuart est représentée au milieu du mur est, dans North St Andrew Street, tandis que l'entrée principale est gardée par les statues de Robert Bruce et William Wallace (voir p. 43).

Great Hall

L'intérieur du musée est décoré dans le style Arts and Crafts. La grande salle (Great Hall) est particulièrement belle. Au-dessus de la colonnade gothique, une frise peinte par William Hole en 1898 fait office d'encyclopédie visuelle des Écossais célèbres, représentés dans l'ordre chronologique, depuis Calgacos (le chef qui aurait poussé les tribus calédoniennes à se battre contre les Romains) jusqu'à l'écrivain et philosophe Thomas Carlyle (1795-1881). Les fresques du balcon du 1er étage dépeignent des scènes de l'histoire écossaise, tandis que les constellations du ciel nocturne sont représentées sur le plafond.

Bonnie Prince Charlie

Prenez le temps d'observer le contraste entre le portrait de 1750 d'un fringant prince Charles Édouard Stuart (1720-1788), en tartan et bonnet jacobite, à l'époque où il espérait encore revenir en Écosse reprendre son trône, et celui peint vers la fin de sa vie, alors qu'il était en exil à Rome, alcoolique et brisé.

Three Oncologists (2002)

Œuvre de Ken Currie, ce portrait de trois éminents spécialistes du cancer évoque l'horreur de la maladie, tout en donnant aux médecins des allures d'alchimistes.

★ À savoir

- Les brochures *Trails* ("itinéraires") apportent un contexte historique et permettent de se repérer à travers les salles ; celle appelée *Hidden Histories* ("histoires cachées") est particulièrement intéressante.
- Des visites guidées gratuites en anglais consacrées à l'architecture du musée ont lieu le 3e samedi du mois à 14h – mieux vaut réserver tôt au ☎0131-624 6560.

Une petite pause ?

- Les excellents soupes et sandwichs du **Cafe Portrait** (☎0131-558 7031 ; www.heritageportfolio.co.uk/cafes/our-cafes/cafe-portrait ; 1 Queen St ; plats 7-11 £ ; 10h-16h30 ; ; St Andrew Sq) en font un lieu apprécié des employés de bureau du quartier.
- En cas d'affluence, allez au Dome (p. 109), deux rues plus à l'ouest et au sud, pour un en-cas raffiné dans un lieu superbe.

Les incontournables

Princes Street Gardens

Ces beaux jardins lovés entre New Town et Old Town sont coupés en deux par The Mound. Cette butte fut formée par la terre provenant des fondations des bâtiments de New Town, qui fut entreposée ici pour servir à la construction de la route (achevée en 1830) jusqu'à Old Town.

PLAN P. 100, B6

Princes St

Gratuit

lever-coucher du soleil

tout bus pour Princes St, Princes St

Scott Monument

La moitié est des Princes Street Gardens est dominée par la grande flèche gothique du **Scott Monument** (www.edinburghmuseums.org.uk ; East Princes Street Gardens ; visites 6 £ ; 10h-16h), qui fut édifié grâce à une souscription publique à la mémoire de sir Walter Scott, après sa mort, en 1832. L'extérieur est décoré de statues de personnages des romans de l'illustre écrivain, tandis qu'une exposition consacrée à sa vie est présentée à l'intérieur. Le sommet est accessible par 287 marches – du haut, la vue sur la ville est superbe.

Églises de West End

L'extrémité ouest des jardins est dominée par le clocher de **St John's Church** (Princes St, EH1 2AB), qui mérite une visite pour son bel intérieur néogothique. Elle domine la **St Cuthbert's Parish Church** (Lothian Rd ; tout bus pour Lothian Rd), bâtie dans les années 1890 sur un site très ancien (la première église remonterait au XIIe siècle, voire au VIIe siècle). Dans le cimetière, la **tour de guet** date du temps où les tombes devaient être protégées des voleurs de cadavres (p. 61).

Floral Clock et Ross Bandstand

À l'entrée ouest des jardins, à l'angle de Princes Street et du Mound, la **Floral Clock** est une véritable horloge, composée de fleurs. Elle fut inaugurée en 1903 et change d'aspect chaque année. Au milieu de la partie ouest des jardins, le **Ross Bandstand** est une scène en plein air qui accueille de nombreux concerts en été ou pour Hogmanay (Nouvel An écossais). C'est aussi ici qu'a lieu le célèbre Fireworks Concert pendant l'Edinburgh International Festival.

★ À savoir

- Les jardins sont toute l'année le théâtre de manifestations, du Fireworks Concert de l'Edinburgh International Festival au marché de Noël (avec grande roue) en décembre.
- En avril, les pentes situées sous l'esplanade du château se parent d'une dense couche de jonquilles.
- Le samedi, vous pourrez faire vos courses sur le marché de producteurs de Castle Terrace, avant de pique-niquer sur un banc dans le parc !

Une petite pause ?

Le Scottish Cafe & Restaurant (p. 110), sous la Royal Scottish Academy, propose une cuisine traditionnelle avec vue sur l'est des jardins.

Promenade à pied

De Charlotte Square à Calton Hill

L'architecture georgienne de New Town justifie amplement son inscription au patrimoine mondial de l'Unesco ! Cette balade capture l'essence même de son élégance. Elle passe par deux places majestueuses, les superbes demeures mitoyennes de Heriot Row (dotées de jardins privés) et deux des plus beaux points de vue de la ville, au Scott Monument et à Calton Hill.

La promenade

Départ Charlotte Sq ; Queensferry St

Arrivée Calton Hill ; St Andrew's House

Distance 2,4 km

Durée 1 heure

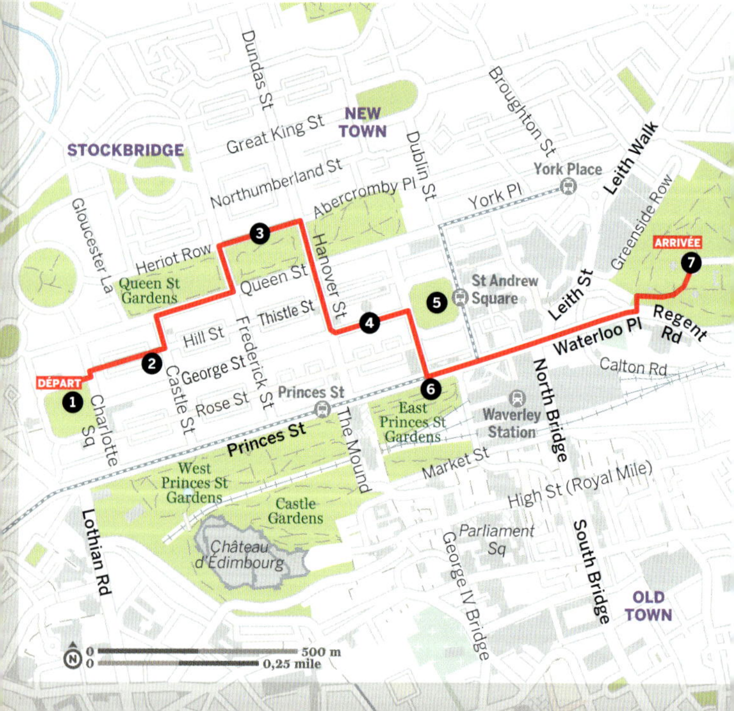

❶ Charlotte Square

Charlotte Square (p. 102) est un chef-d'œuvre d'architecture néoclassique. Le musée de la **Georgian House** (p. 102) se dresse sur son côté nord. Le **16 South Charlotte St**, près de l'angle sud-est, a vu naître Alexander Graham Bell, l'inventeur du téléphone.

❷ Oxford Bar

Quittez la place par l'angle nord-est et empruntez à droite Young Street, où se trouve l'**Oxford Bar** (p. 113), rendu célèbre par les romans policiers de l'écrivain écossais Ian Rankin. Prenez à gauche North Castle Street, à droite Queen Street, puis encore à gauche pour jeter un coup d'œil aux jardins privés **Queen Street Gardens** (fermés au public).

❸ Heriot Row

Tournez à droite dans Heriot Row, une élégante rangée de demeures qui illustre bien les caractéristiques architecturales et urbanistiques du quartier. Au n°17, une plaque signale la maison où l'écrivain Robert Louis Stevenson passa son enfance. L'île au milieu de l'étang des Queen Street Gardens lui aurait inspiré *L'Île au trésor*.

❹ George Street

Remontez ensuite vers George Street et tournez à gauche. Ici, dans l'ancien centre financier d'Édimbourg, les boutiques de créateurs et les bars à cocktails ont aujourd'hui remplacé les banques et les bureaux. Au n°14, le restaurant **Dome**, qui occupe une ancienne banque, possède un beau hall georgien orné d'une coupole.

❺ St Andrew Square

Cette place, la plus impressionnante de New Town, est dominée par le **Melville Monument**, une haute colonne élevée en hommage à Henry Dundas (1742-1811), premier vicomte Melville et l'homme politique écossais le plus influent de son temps. De l'autre côté de la place, la Dundas House (p. 105), une demeure palladienne, abrite le siège social de la Royal Bank of Scotland (également pourvue d'un splendide hall à coupole).

❻ Scott Monument

Empruntez ensuite South Saint David Street qui vous mènera, en passant par **Jenners** (p. 117), le doyen des grands magasins d'Édimbourg, jusqu'au **Scott Monument** (p. 95). Là, gravissez les 287 marches pour une vue incomparable sur les **Princes Street Gardens** (p. 94) et le château.

❼ Calton Hill

Dirigez-vous vers l'est le long de Princes Street et de Waterloo Place puis empruntez l'escalier qui monte sur la gauche, juste après la petite rue nommée Calton Hill. Grimpez jusqu'au sommet de **Calton Hill** (p. 103), où le panorama s'étend de l'estuaire du Forth aux Pentland Hills.

Shopping à New Town

Shopping traditionnel dans de grands magasins ou tournée des boutiques de créateurs en compagnie de fashionistas hyper-tendance : il y en a pour tous les goûts à New Town ! Et tout cela dans une zone resserrée, qu'il est possible de parcourir à pied – sans même risquer d'user vos Blahnik toutes neuves.

La promenade

Départ Princes St ; Princes St

Arrivée St Andrew Sq ; St Andrew Sq

Distance 2,4 km

Durée 1 heure

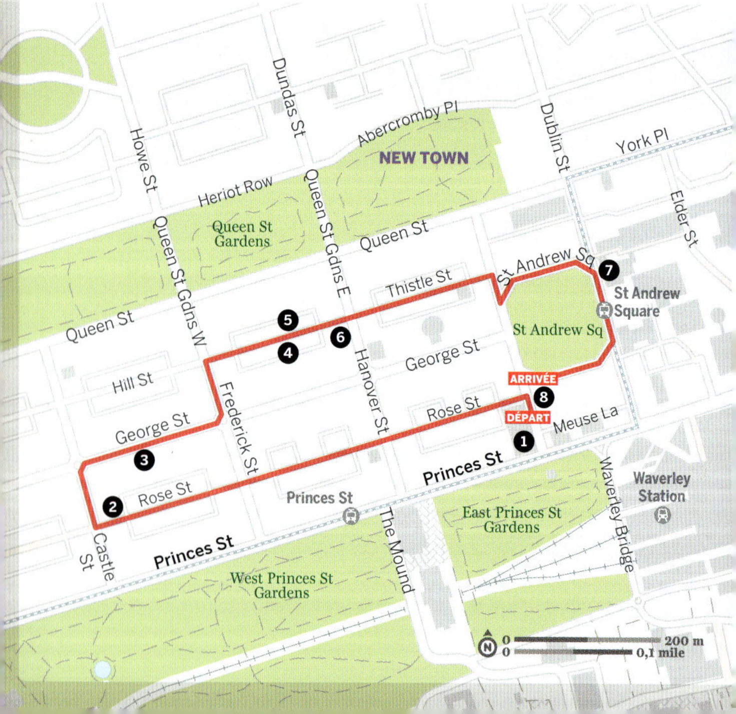

❶ Jenners

Jenners, un établissement fondé en 1838, fait figure de grande dame du shopping édimbourgeois. On y trouve sur 5 niveaux un grand choix de produits de qualité (chaussures, sacs de créateurs, chapeaux, lainages et tapis orientaux), un espace de restauration, un salon de coiffure, un service d'emballage de cadeaux et quatre cafés.

❷ Rose Street

Cette artère piétonnière avait autrefois une réputation de "rue de la soif". Les pubs sont encore là, mais elle est aujourd'hui plus connue pour ses boutiques, qui vont des spécialistes du plein air comme Cotswold Outdoor et Tiso aux marchands de bijoux anciens comme Perre (p. 116).

❸ Cruise

Au 94 George Street, un hall orné de corniches et de moulures en plâtre ouvre sur 3 niveaux au décor minimaliste. Vous trouverez chez **Cruise**, ici et au n° 80 voisin, des grandes marques comme Paul Smith, Jasper Conran, Hugo Boss, Joseph Tricot, Armani et Dolce & Gabbana.

❹ Jane Davidson

Thistle Street est devenue une enclave de boutiques de créateurs. Au n°52, **Jane Davidson** vend les marques de luxe Diane von Furstenberg, Huishan Zhang, Dries Van Noten et Queene and Belle, ainsi que des articles en cachemire Brodie et en cuir végan Nanushka.

❺ Alchemia

Fabriqués dans un atelier de la région côtière du Fife, les bijoux présentés à Alchemia (p. 116) sont des créations écossaises, inspirées des formes et des couleurs de la nature. Certaines pièces sont réalisées sur commande, y compris pour la famille royale.

❻ Covet

Autre pilier de Thistle Street, **Covet**, au n°20, met à l'honneur des créateurs prometteurs du monde entier : sacs de la marque hollandaise Smaak et de la créatrice new-yorkaise Rebecca Minkoff, bijoux de Tatty Devine, montres Triwa...

❼ Harvey Nichols

Harvey Nichols (p. 117), qui vend les plus grandes marques internationales sur 4 niveaux, sert de porte-étendard au luxueux *mall* de Multrees Walk. On trouve également à proximité des boutiques de Louis Vuitton, Mulberry, Hugo Boss, Swarovski...

❽ Ivy on the Square

Envie d'une pause ? The Ivy on the Square (p. 109) est l'adresse rêvée pour un déjeuner ou un *afternoon tea* gourmand.

Nos adresses
Les incontournables p. 92
Voir p. 102
Se restaurer p. 105
Prendre un verre p. 111
Sortir p. 113
Shopping p. 115
A
B
C
D
1
2
3
4
5
6
Edinburgh Academy
Henderson Row
Eyre Pl
King George V Park
Royal Cres
Scotland St
Fettes Row
Cumberland St
Dundonald St
Drummond Pl
Great King St
Hamilton Pl
Clarence St
St Stephen St
Circus La
St Vincent St
Kerr St
NW Circus Pl
Circus Pl
Royal Circus
Howe St
Dundas St
Northumberland St
India Pl
Dean Gardens
Gloucester La
India St
Jamaica Mews
Abercromby Pl
Heriot Row
Queen St Gardens
Queen St Gdns E
Queen St Gdns W
Queen St
Moray Pl
Thistle St
St Colme St
N Castle St
Hill St
George St
Hanover St
Rose St
3 Georgian House
Young St
S Charlotte St
Castle St
Frederick St
Princes St
2 Royal Scottish Academy
4 Charlotte Square
The Mound
1 Scottish National Gallery
Hope St
Princes Street Gardens
West Princes St Gardens
Lothian Rd
Château d'Édimbourg
35
37
46
33
18
24
25
48
30
26
21
34
55
36
28
23
38
47
49
15
51

E
F
G
H
1
2
3
4
5
6
0 200 m
0 0,1 mile
E Claremont St
Bellevue Gve
Annandale St
Bellevue Pl
Bellevue
Bellevue Cres
Avis
Leith Walk
Brunswick St
E London St
Gayfield St
50
London St
39
45
44
NEW TOWN
Broughton Pl
Union St
Gayfield Sq
Elm Row
31
43
Montgomery St
Windsor St
Barony St
Albany St La
Broughton St
Forth St
London Rd
Dublin St
Albany St
York La
Broughton St La
Royal Tce
16
Royal Terrace Gardens
CC Blooms
19
42
York Place
Scottish National Portrait Gallery
York Pl
Cathedral La
Omni Centre
Greenside Row
Regent Gardens
40
27
Elder St
St James Shopping Centre
54
Leith St
Calton Hill
14
5
8 National Monument
Collective/City Observatory 6
52
11 Dundas House
St Andrew Square
General Register House
7
Nelson Monument
Calton Hill
29
10 St Andrew Square
12
41
32
Royal High School
Waterloo Pl
9
13
Regent Rd
S St David St
22
17
Old Calton Burial Ground
St Andrew's House
20
North Bridge
53
Calton Rd
Europcar
Canongate Kirk
East Princes St Gardens
Waverley Bridge
Waverley Station
New St
Sibbald Walk
Lothian Buses TravelHub
E Market St
Canongate (Royal Mile)
Office du tourisme d'Édimbourg
Museum of Edinburgh
Market St
OLD TOWN
N Bank St
St Mary's St
St John St
High St (Royal Mile)
Blackfriars St
South Bridge
George IV Bridge
Holyrood Rd
Cowgate

Voir

Scottish National Gallery
MUSÉE

1 PLAN P. 100, D5

Cet imposant bâtiment classique agrémenté de colonnes ioniques et dessiné par William Playfair date des années 1850. Ses salles octogonales, à l'éclairage zénithal, ont été restaurées dans le style victorien d'origine, avec moquettes vert sombre et murs rouge carmin. Le musée possède un riche fonds d'œuvres d'art européen, de la Renaissance au postimpressionnisme – Verrocchio (maître de Léonard de Vinci), le Tintoret, Titien, Holbein, Rubens, Van Dyck, Vermeer, le Greco, Poussin, Rembrandt, Gainsborough, Turner, Constable, Monet, Pissarro, Gauguin, Cézanne... (0131-624 6200 ; nationalgalleries.org ; The Mound ; gratuit ; 10h-17h ven-mer, 10h-19h jeu ; tout bus pour Princes St, Princes St)

Royal Scottish Academy
MUSÉE

2 PLAN P. 100, D5

Ce bâtiment aux allures de temple dorique grec, dont le fronton nord est surmonté d'une statue de la reine Victoria, abrite l'Académie royale écossaise (RSA) d'art et d'architecture. Dessiné par William Playfair et construit entre 1823 et 1836, il portait anciennement le nom de Royal Institution. La RSA a repris le bâtiment en 1910. Une collection de peintures, sculptures et dessins d'architecture des membres de l'Académie postérieurs à 1831 est présentée dans ses salles, qui accueillent aussi toute l'année des expositions temporaires (tarifs variables). (0131-225 6671 ; royalscottishacademy.org ; The Mound ; gratuit ; 10h-17h lun-sam, 12h-17h dim ; tout bus pour Princes St, Princes St)

Georgian House
BÂTIMENT HISTORIQUE

3 PLAN P. 100, A5

Le National Trust for Scotland's Georgian House (Fonds national écossais pour la maison georgienne) a été joliment restauré et meublé (cuisine d'époque avec vaisselier garni de porcelaine de Chine, cave à vins) pour présenter un intérieur bourgeois d'Édimbourg à la fin du XVIIIe siècle. Les murs sont ornés de peintures d'Allan Ramsay, de Henry Raeburn et de Joshua Reynolds. (NTS ; www.nts.org.uk ; 7 Charlotte Sq ; tarif plein/enfant 8/6 £ ; 10h-17h avr-oct, 11h-16h mars et début nov, fermé déc-fév ; 19, 36, 37, 41, 47)

Charlotte Square
PLACE

4 PLAN P. 100, A5

À l'extrémité ouest de George Street, Charlotte Square, conçue par Robert Adam (1728-1792) en 1791, est le joyau architectural de New Town. Le côté nord, considéré comme le chef-d'œuvre du grand architecte, constitue l'un des plus beaux exemples d'architecture georgienne. **Bute House** (6 Charlotte Sq), au centre (n°6), est la résidence officielle du Premier ministre d'Écosse. (🚌 19, 36, 37, 41, 47)

Calton Hill

PANORAMA

5 ◎ PLAN P. 100, H4

Cette colline (100 m) qui s'élève au-dessus de l'extrémité est de Princes Street est l'"Acropole" d'Édimbourg. Son sommet est coiffé de beaux mémoriaux de la première moitié du XIXe siècle. Elle offre également l'un des plus beaux panoramas de la ville – il englobe le château, Holyrood, Arthur's Seat, l'estuaire du Forth, New Town et Princes Street. (🚌 104, 113, 124)

Collective/City Observatory

MUSÉE

6 ◎ PLAN P. 100, G4

Le plan de cet observatoire bâti en 1818 rappelle la tour des Vents d'Athènes. L'édifice avait pour fonction de fournir aux navigateurs un service de chronométrage précis fondé sur l'astronomie, avant que les fumées de la gare de Waverley n'obligent les astronomes à migrer en 1895 vers Blackford Hill, dans le sud d'Édimbourg. L'observatoire a été reconverti en un superbe espace dévolu aux arts visuels. Il est ainsi ouvert au public, pour la première fois depuis sa construction. (☎ 0131-556 1264 ; www.collectivegallery.net ; Calton Hill ; gratuit ; 🕐 10h-18h tlj août, 10h-17h

Collective/City Observatory

4KCLIPS/SHUTTERSTOCK ©

Le zoo d'Édimbourg

Le **zoo d'Édimbourg** (plan p. 100 ; 0131-334 9171 ; edinburghzoo.org.uk ; 134 Corstorphine Rd, EH12 6TS ; tarif plein/enfant 19,95/11,35 £ ; 10h-18h avr-sept, 10h-17h oct et mars, 10h-16h nov-fév ; ; 12, 18, 26, 31, 100), fondé en 1913, est l'un des plus importants du monde dans le domaine de la conservation. Son programme d'élevage en captivité a contribué à sauver plusieurs espèces menacées, comme le tigre de Sibérie, l'hippopotame nain et le panda roux. Les visiteurs apprécient particulièrement la **parade des pingouins** (qui se promènent tous les jours à 14h15) et les deux **pandas géants**, Tian Tian et Yang Guang. À 4 km à l'ouest du centre-ville.

mar-dim avr-juil et sept, 10h-16h mar-dim oct-mars ; 104, 113, 124)

Nelson Monument

MONUMENT

7 PLAN P. 100, H4

Sorte de télescope renversé (la similitude est intentionnelle), le Nelson Monument, d'où se déploie une vue magnifique sur la ville et l'estuaire du Forth, fut érigé pour commémorer la victoire de l'amiral Nelson à Trafalgar en 1805. (www.edinburghmuseums.org.uk ; Calton Hill ; 6 £ ; 10h-21h juin-août, 10h-19h mai et sept, 10h-16h lun-sam oct-mars ; 104, 113, 124)

National Monument

MONUMENT

8 PLAN P. 100, H4

Plus grande construction de Calton Hill, le National Monument est né d'une tentative ambitieuse d'imiter le Parthénon pour saluer la mémoire des victimes écossaises des guerres napoléoniennes. Le chantier, financé par une souscription publique, s'ouvrit en 1822. Puis les dons se tarirent alors que 12 colonnes seulement étaient achevées. Les habitants l'ont surnommé "Edinburgh's Disgrace" (la disgrâce d'Édimbourg). (Calton Hill ; 104, 113, 124)

Old Calton Burial Ground

CIMETIÈRE

9 PLAN P. 100, G4

Ce vieux cimetière pittoresque est dominé par le grand obélisque noir du **Political Martyrs' Monument**, qui rend hommage aux martyrs de la lutte en faveur de la réforme électorale dans les années 1790. Dans le coin sud se dresse l'imposante **tombe cylindrique de David Hume** (1711-1776), le plus célèbre philosophe d'Écosse.

Le bruit courut que cet athée convaincu aurait signé un pacte faustien avec le diable. Après sa mort, ses amis veillèrent sur sa tombe huit nuits durant, brûlant des cierges et tirant des coups de feu dans l'obscurité, de peur que des esprits maléfiques ne viennent emporter son âme. (Waterloo Pl ; 15)

St Andrew Square PLACE

10 PLAN P. 100, E4

Cette place, moins raffinée sur le plan architectural que Charlotte Square (p. 102), à l'autre bout de George Street, est dominée par la colonne cannelée du Melville Monument (p. 97). Le côté sud est bordé de restaurants prisés, tandis que la résidence hôtelière de luxe **Edinburgh Grand** (2018) s'élève du côté est. Les après-midi d'été, les passants se pressent dans le jardin situé au centre de la place pour boire un café à emporter. (St Andrew Sq)

Dundas House BÂTIMENT HISTORIQUE

11 PLAN P. 100, E4

Cette impressionnante demeure palladienne du côté est de St Andrew Square fut construite entre 1772 et 1774 pour sir Lawrence Dundas (1712-1781). Elle abrite depuis 1825 le siège social de la Royal Bank of Scotland. Vous pouvez entrer pour jeter un coup d'œil au spectaculaire hall à coupole datant de 1857. (St Andrew Sq, EH2 2YB ; St Andrew Sq)

General Register House BÂTIMENT HISTORIQUE

12 PLAN P. 100, F4

Conçu par Robert Adam en 1788, ce splendide édifice, devant lequel se dresse la statue du duc de Wellington à cheval, abrite les archives nationales d'Écosse et le centre de recherches généalogiques **ScotlandsPeople Centre**. (0131-314 4300 ; scotlandspeople.gov.uk ; 2 Princes St ; 9h-16h30 lun-ven ; tout bus pour Princes St)

St Andrew's House BÂTIMENT HISTORIQUE

13 PLAN P. 100, G4

Bâtie de 1936 à 1939, cette demeure à la façade Art déco se trouve sur le versant sud de Calton Hill. Elle était occupée par le Scottish Office (ministère des Affaires écossaises) avant que celui-ci déménage dans le nouvel édifice du Scottish Executive (gouvernement écossais) à Leith, en 1996. (Regent Rd ; 15, 18)

Se restaurer

Lookout ÉCOSSAIS £££

14 PLAN P. 100, G4

Cet excellent restaurant perché en haut de Calton Hill offre par ses baies vitrées une belle vue sur la ville. Tenu par l'équipe du Gardener's Cottage (p. 106), il propose 7 petits plats (dont un végétarien) confectionnés à partir de produits frais et de saison, ainsi qu'un choix d'accompagnements et de vins. (0131-322 1246 ; www.thelookoutedinburgh.co ; Calton Hill, EH7 5AA ; déj/dîner à partir de 28/34 £ ; 12h-21h30 mar-jeu, 10h-21h30 ven-dim ;)

L'histoire de New Town

Entre la fin du XIVe et le début du XVIIIe siècle, la population édimbourgeoise (encore confinée dans l'enceinte d'Old Town) passa de 2 000 à 50 000 habitants. Les bâtisses chancelantes s'effondraient parfois, le feu représentait une menace permanente, et la surpopulation et la saleté devenaient intolérables. Il n'y avait pas de système d'égout, et les ordures ménagères étaient jetées dans la rue par la fenêtre en criant "*Gardyloo!*" (dérivé du français "Garde à l'eau !"), ce à quoi les passants répondaient "*Haud yer haun'!*" (que l'on pourrait traduire par "*Un instant !*"). Mais il était souvent trop tard. La puanteur qui s'échappait des rues était souvent désignée ironiquement comme "*the floo'rs o' Edinburgh*" ("les fleurs d'Édimbourg").

Lorsque l'Acte d'union de 1707 permit de croire à une stabilité durable, les classes aisées aspirèrent à s'établir dans de nouveaux lieux plus salubres et plus spacieux. En 1766, le maire d'Édimbourg annonça l'ouverture d'un concours pour la conception d'une extension de la ville. Il fut remporté par James Craig, jeune architecte autodidacte de 23 ans, dont le projet simple et élégant avait pour axe central George Street, fermée aux deux extrémités par des places majestueuses. Il limitait les constructions à un seul côté de Princes Street et de Queen Street, afin de préserver la vue sur l'estuaire du Forth, au nord, et le château et la vieille ville, au sud.

Au cours des XVIIIe et XIXe siècles, la nouvelle ville continua de s'étendre, de places en *circuses* (rues en arc de cercle), de parcs en *terraces* (rangées de maisons mitoyennes). On doit à Robert Adam quelques-uns des plus beaux éléments de son architecture néoclassique.

Baba MEZZE £

15 PLAN P. 100, A5

Dans George Street, et rattaché au très chic hôtel Kimpton Charlotte Square, le Baba sert une cuisine levantine ultrabranchée. Sa carte courte est alléchante, avec de délicieux mezze et des plats parfumés grillés au charbon de bois. Le *baba ganoush* au goût fumé est particulièrement exquis et bien présenté. (☎0131-527 4999 ; www.baba.restaurant ; 130 George St, EH2 4JZ ; plats 9-15 £ ; 12h-15h et 17h-23h lun-jeu, 12h-23h ven-dim ; ; tout bus pour Princes St)

Gardener's Cottage ÉCOSSAIS ££

16 PLAN P. 100, H2

Ce cottage campagnard au cœur de la ville, fleuri et agrémenté de guirlandes d'ampoules, vous fera vivre l'une des expériences culinaires les plus intéressantes d'Édimbourg. Assis à l'une des deux petites tables communes en bois recyclé, vous dégusterez ici des plats à base de produits frais et régionaux (la plupart des fruits et légumes sont cultivés dans un jardin bio local). Réservation indispensable. Brunch le week-end. (0131-558 1221 ; thegardenerscottage.co ; 1 Royal Tce Gdns, London Rd, EH7 5DX ; menu déj 2/3 plats 15/19 £, dîner 6 plats 60 £ ; 12h-14h et 17h-22h lun-ven, 10h-14h et 17h-22h sam-dim ; tout bus pour London Rd)

Dishoom

INDIEN ££

17 PLAN P. 100, E4

La première enseigne de cette mini-chaîne à avoir ouvert en dehors de Londres ! Inspiré des cafés iraniens de Bombay, il sert une savoureuse cuisine de rue indienne dans un cadre chic. Il est réputé pour son petit-déjeuner qui comprend sa spécialité : le naan au bacon. Réservez tôt ou attendez-vous à devoir patienter pour une table. Options véganes également. (0131-202 6406 ; www.dishoom.com/edinburgh ; 3a St Andrew Sq, EH2 2BD ; plats 9-15 £ ; 8h-22h lun-ven, 9h-22h sam-dim ; ; St Andrew Sq)

Urban Angel

CAFÉ £

18 PLAN P. 100, D4

Ce traiteur privilégie les produits sains, bio, locaux et issus du commerce équitable. C'est aussi un café-bistrot délicieusement informel qui sert toute la journée des brunchs (porridge au miel,

St Andrew's House (p. 105)

LEONID ANDRONOV/SHUTTERSTOCK ©

pancakes, œufs Bénédicte), des salades à composer et un grand choix de plats légers. (0131-225 6215 ; urban-angel.co.uk ; 121 Hanover St ; plats 6-11 £ ; 8h-17h lun-ven, 9h-17h sam-dim ; ; 23, 27)

Paul Kitching 21212

FRANÇAIS £££

19 PLAN P. 100, H3

Une table étoilée au Michelin, dans une élégante demeure georgienne près de Calton Hill. La décoration pensée par Timorous Beasties et Ralph Lauren compose une toile de fond divine pour un exquis menu de 5 plats (85 £) frais et de saison, renouvelé chaque semaine. Carte végétarienne également. (0131-523 1030 ; 21212restaurant.co.uk ; 3 Royal Tce ; menu déj/dîner 3 plats à partir de 32/70 £ ; 12h-13h45 et 19h-21h mar-sam ; ; tout bus pour London Rd)

Number One

ÉCOSSAIS £££

20 PLAN P. 100, F5

Cette adresse élégante et sophistiquée, aux murs laqués de rouge et ornés d'œuvres d'art contemporain, doit à son excellente cuisine écossaise moderne une étoile au Michelin. Le service est parfait, sans obséquiosité. Comptez un supplément de 75 £/personne pour les vins assortis aux 7 plats du menu dégustation. (0131-557 6727 ; www.roccofortehotels.com/hotels-and-resorts/the-balmoral-hotel/restaurants-and-bars/number-one ; Balmoral Hotel, 1 Princes St ; menu dégustation 7 plats 110 £ ; 18h30-22h lun-jeu, 18h-22h ven-dim ; ; tout bus pour Princes St)

Coup de tonnerre quotidien !

Dans Princes Street, il est facile de distinguer les Édimbourgeois des touristes tous les jours à 13h. Les premiers consultent leur montre quand les seconds sursautent de peur. Car c'est à cette heure-ci que retentit la détonation du One O'Clock Gun depuis Mills Mount Battery, sur les remparts du château (voir aussi p. 43).

L'origine de cette manœuvre remonte au milieu du XIXe siècle, à une époque où il était crucial, pour assurer une navigation sans danger, que les chronomètres des bateaux soient réglés sur la bonne heure. Les autorités municipales installèrent alors au sommet du Nelson Monument (p. 104) une boule horaire visible depuis les bateaux amarrés dans l'estuaire du Forth. On ajouta ensuite le tir de canon, signal sonore dont pouvaient se servir les marins lorsque la pluie ou le brouillard les empêchaient de voir la boule horaire. Le Museum of Edinburgh (p. 58) abrite une petite exposition consacrée au canon.

The Dome

ÉCOSSAIS ££

21 PLAN P. 100, D4

Dans le magnifique ancien siège néoclassique de la Commercial Bank, doté d'une haute coupole en verre, d'arcs soutenus par des piliers et d'un sol en mosaïque, The Dome profite d'un cadre impressionnant. Côté cuisine : des plats écossais résolument modernes, avec de bons steaks et produits de la mer. Vous pourrez aussi prendre le thé dans la belle Georgian Tea Room. Réservation vivement recommandée. (0131-624 8624 ; thedomeedinburgh.com ; 14 George St ; plats 16-23 £, déj 2/3 plats 20/25 £ ; 10h-22h ; ; St Andrew Sq)

The Ivy on the Square

BRITANNIQUE ££

22 PLAN P. 100, E4

Première antenne écossaise du célèbre restaurant londonien The Ivy, à Covent Garden, cette brasserie tout à la fois simple et élégante propose des spécialités britanniques : œufs Bénédicte au brunch, *afternoon tea* (thé et gâteaux), steak, *egg and chips* ou *shepherd's pie* (sorte de hachis parmentier), ainsi qu'un menu végan. (0131 526 4777 ; theivyedinburgh.com ; 6 St Andrew Sq ; plats 15-19 £ ; 8h-0h lun-sam, 9h-22h30 dim ; ; St Andrew Sq)

Contini

ITALIEN ££

23 PLAN P. 100, B5

Une banque aux allures de palais georgien rehaussé de notes fuchsia : voici pour le décor de ce bar-restaurant italien où les familles sont les bienvenues. L'accent est mis sur la fraîcheur des produits du terroir (importés chaque semaine de Milan ; pain et pâtes maison). Ambiance sans chichis. (0131-225 1550 ; contini.com/contini-george-street ; 103 George St ; plats 18-24 £ ; 8h-22h lun-ven, 10h-22h30 sam, 11h-20h dim ; ; tout bus pour Princes St)

Café St Honore

FRANÇAIS £££

24 PLAN P. 100, C4

Avec ses bougies qui scintillent sur fond de vieilles boiseries polies et qui se reflètent dans les miroirs anciens, ce restaurant français intimiste est idéal pour un dîner romantique. Le service est discret, la cuisine somptueuse et la carte des vins, bien fournie. Midi et soir, menu de 2/3 plats à 23/28 £. (0131-226 2211 ; cafesthonore.com ; 34 NW Thistle St Lane, EH2 1EA ; plats 16-28 £ ; 12h-14h et 18h-22h ; Princes St)

Bon Vivant

BISTROT ££

25 PLAN P. 100, C4

Ce bistrot apprécié par les gourmets de New Town présente un excellent rapport qualité/prix pour le quartier, avec une grande variété de tapas, des plats classiques, ainsi que des mets locaux et de saison, comme la truite de mer avec une sauce aux radis, aux graines de nigelle grillées et au persil. (0131-225 3275 ; www.bonvivantedinburgh.co.uk ; 55 Thistle St, EH2 1DY ; plats 14-19 £ ; 12h-22h ; ; 23, 27, 42)

El Cartel

MEXICAIN ££

26 PLAN P. 100, C4

Petit, sombre et toujours bondé, El Cartel est connu pour son authentique cuisine de rue mexicaine servie avec célérité sur fond de musique trépidante. Des sauces piquantes sont posées sur chaque table. La courte carte est facile à mémoriser. Les margaritas frappées changent tous les jours ! Pas de réservation : allez-y avant 18h30 pour éviter une longue attente. (0131-226 7171 ; www.elcartelmexicana.co.uk ; 64 Thistle St ; tapas 6-9 £ ; 12h-22h dim-jeu, 12h-0h ven-sam ; 24, 29, 42)

Scottish Cafe & Restaurant

ÉCOSSAIS ££

La baie vitrée de ce joli restaurant moderne (voir 1 plan p. 100, D5) embrasse toute la longueur des Princes Street Gardens. Dans les assiettes : des plats traditionnels, comme le *Cullen skink* (soupe de haddock) et la soupe de poireaux et pommes de terre, et des produits de saison – saumon et truite fumés, et poulet et porc élevés en liberté issus de méthodes de pêche et d'élevage responsables. (0131-225 1550 ; www.contini.com/scottish-cafe-and-restaurant ; The Mound ; plats 9-15 £ ; 9h-17h lun-mer et ven-sam, 9h-19h jeu, 10h-17h dim ; ; Princes St)

The Dome (p. 109)

JEFF WHYTE/SHUTTERSTOCK ©

Holy Cow

VÉGAN £

27 PLAN P. 100, E3

Dissimulé dans un sous-sol de New Town, près de la gare routière, ce café mérite d'être découvert pour ses burgers végans (champignons de Paris, tofu vietnamien ou soja et haricots rouges, avec de grosses frites) et ses salades mexicaines fraîches et piquantes, riches en piment, coriandre et jus de citron vert. (34 Elder St ; plats 6-12 £ ; 10h-22h ;)

Time 4 Thai

THAÏLANDAIS ££

28 PLAN P. 100, B5

Le service est assuré par un personnel en tenue chic dans ce restaurant thaïlandais un cran au-dessus de la moyenne, avec un élégant décor moderne et de la vaisselle de designer. La carte est à la hauteur, avec des plats authentiques et parfumés, merveilleusement présentés. À midi, le menu de 2/3 plats à 17/19 £ présente un bon rapport qualité/prix. (0131-225 8822 ; www.time4thai.co.uk ; 45 N Castle St ; plats 13-19 £ ; 12h-14h30 et 17h-23h lun-jeu, 12h-23h30 ven-sam, 13h-23h dim ; ; 24, 29, 42)

Prendre un verre

Café Royal Circle Bar

PUB

29 PLAN P. 100, F4

Pub édimbourgeois par excellence, le Café Royal doit surtout sa renommée à son magnifique bar ovale et à ses portraits en carreaux de porcelaine de célèbres inventeurs victoriens. Prenez place au bar ou sur l'une des confortables banquettes en cuir sous les vitraux, et faites votre choix parmi les 7 bières pression. (0131-556 1884 ; caferoyaledinburgh.com ; 17 W Register St ; 11h-23h lun-mer, 11h-0h jeu, 11h-1h ven-sam, 11h-22h dim ; ; Princes St)

Le Broughton gay

Autour de Broughton Street, à l'angle nord-est de New Town, le quartier animé et bohème de Broughton est l'épicentre de la scène gay d'Édimbourg. Il abrite de nombreux bars, cafés et restaurants. À proximité, **CC Blooms** (plan p. 100, G3 ; 0131-556 9331 ; www.ccblooms.co.uk ; 23 Greenside Pl ; 11h-3h ; ; tout bus pour Leith Walk) est le plus grand club gay de la ville.

Lucky Liquor Co

BAR À COCKTAILS

30 PLAN P. 100, C4

Le nombre 13 est central dans ce tout petit bar noir et blanc, où une carte quotidienne de 13 cocktails est créée à partir de 13 bouteilles de spiritueux. Il en résulte des saveurs amusantes et inhabituelles : liqueur à la fève tonka, champagne à la noix de coco, soda salé au pamplemousse... Le tout servi par une équipe gaie et chaleureuse.

(0131-226 3976 ; www.luckyliquorco.com ; 39a Queen St, EH2 3NH ; 16h-1h ; 24, 29, 42)

Joseph Pearce's

PUB

31 PLAN P. 100, H2

Ce pub victorien traditionnel, réaménagé par ses propriétaires suédois, a trouvé un second souffle. C'est un rendez-vous prisé de la communauté locale (les familles s'y pressent jusqu'à 17h), où l'on mange bien, dans une atmosphère décontractée. Profitez des soirées langoustines en août ou du lundi Scrabble ! (0131-556 4140 ; www.bodabar.com/joseph-pearces ; 23 Elm Row ; 11h-0h dim-jeu, 11h-1h ven-sam ; ; tout bus pour Leith Walk)

Guildford Arms

PUB

32 PLAN P. 100, F4

Dans une allée qui donne sur Princes Street, voici un autre pub victorien classique au décor en acajou ciré, cuivre étincelant et corniches ornementées. Le choix de *real ales* est excellent. Installez-vous de préférence à l'étage, dans la galerie qui domine la salle et la foule des clients. (0131-556 4312 ; guildfordarms.com ; 1 W Register St ; 11h-23h lun-jeu, 11h-23h30 ven-sam, 12h30-23h dim ; ; St Andrew Sq)

Bramble

BAR À COCKTAILS

33 PLAN P. 100, D4

Caché dans un sous-sol plein de coins et recoins de pierre et de brique, et seulement indiqué par une plaque en laiton discrète en dessous d'un pressing, le Bramble peut être qualifié de "secret bien gardé". Ici, pas de bières pression, rien que d'excellents cocktails, sans doute les meilleurs de la ville. (0131-226 6343 ; bramblebar.co.uk ; 16a Queen St ; 16h-1h ; 23, 27)

Abbotsford

PUB

34 PLAN P. 100, D4

L'Abbotsford (du nom de la maison de campagne de sir Walter Scott), qui date de 1902, est l'un des rares pubs de Rose Street à avoir conservé sa splendeur édouardienne. Le lieu rassemble depuis longtemps écrivains, acteurs, journalistes et autres habitués fidèles. Magnifique bar îlot en acajou. Bon choix de *real ales*. (0131-225 5276 ; theabbotsford.com ; 3 Rose St ; 11h-23h lun-jeu, 11h-0h ven-sam, 12h20-23h dim ; ; tout bus pour Princes St)

Clark's Bar

PUB

35 PLAN P. 100, C2

Centenaire et toujours prospère, ce pub à l'ancienne sans fioritures, tout de bois et de laiton poli, accueille amateurs de *real ales*, supporters de football (il y a trois écrans), employés de bureau du quartier et autres habitués fidèles qui se sentent comme chez eux dans les petites arrière-salles conviviales. (0131-556 1067 ; www.facebook.com/ClarksBarEdinburgh ; 142 Dundas St ; 12h-23h30 dim-jeu, 12h-0h30 ven-sam ; ; 23, 27)

Oxford Bar PUB

36 PLAN P. 100, B5

L'Oxford est une rareté de nos jours : un vrai pub pour une clientèle lambda, sans thème, sans chichis ni prétention. "The Ox" a été immortalisé par Ian Rankin, auteur de romans policiers (disponibles en français aux éditions Lgf et Gallimard) mettant en scène l'inspecteur Rebus, un habitué des lieux (comme l'écrivain). Concerts de musique traditionnelle de temps à autre. (0131-539 7119 ; 8 Young St ; 12h-0h lun-jeu, 11h-1h ven-sam, 12h30-23h dim ; ; tout bus pour Princes St)

Cumberland Bar PUB

37 PLAN P. 100, D2

Dans *Les Chroniques d'Édimbourg* d'Alexander McCall Smith (disponibles en français aux éditions 10/18), le Cumberland est présenté comme *le* pub typique de New Town. De style traditionnel (bien que relativement récent), avec bois, laiton et miroirs, il sert des ales en fût et un grand choix de whiskies pur malt, et possède un agréable petit *beer garden*. (0131 558 3134 ; www.cumberlandbar.co.uk ; 1-3 Cumberland St ; 12h-0h lun-mer, 12h-1h jeu-sam, 11h-23h dim ; ; 23, 27)

Tigerlily BAR À COCKTAILS

38 PLAN P. 100, B5

Les papiers peints graphiques, les piliers en miroirs scintillants, les lampes de style moderniste et les fauteuils en velours douillets ont valu une pluie de récompenses à ce bar de boutique-hôtel, où costumes chics et talons aiguilles sont de mise. Il propose une longue liste de cocktails préparés de manière experte et diverses bières artisanales écossaises à la pression. (0131-225 5005 ; www.tigerlilyedinburgh.co.uk/edinburgh-bar ; 125 George St ; 11h-1h ; ; tout bus pour Princes St)

Cask & Barrel PUB

39 PLAN P. 100, F2

En bas de Broughton St, ce bar sans chichis est apprécié des buveurs de bière. Ils ont le choix entre 10 *real ales*, ainsi que des bières tchèques et allemandes. Des matchs de football ou de rugby sont retransmis sur les nombreux écrans. (0131-556 3132 ; www.facebook.com/CaskandBarrelBroughtonStreet ; 115 Broughton St ; 11h-0h dim-jeu, 11h-1h ven-sam ; 8, 23, 27)

Sortir

The Stand Comedy Club CAFÉ-THÉÂTRE

40 PLAN P. 100, E3

Principal café-théâtre indépendant d'Édimbourg, ce lieu ouvert depuis 1995 programme des spectacles tous les soirs et une session d'improvisation le dimanche midi. (0131-558 7272 ; www.thestand.co.uk ; 5 York Pl ; 3-18 £ ; à partir de 19h30 lun-sam, à partir de 12h30 dim ; tout bus pour York Pl)

Édimbourg littéraire

Sir Walter Scott

L'écrivain le plus souvent associé à la ville est sans conteste sir Walter Scott (1771-1832), considéré comme le plus grand romancier d'Écosse et le plus prolifique. Il a marqué les esprits par ses récits classiques, comme *Rob Roy*, *Quentin Durward*, *Ivanhoé* et *La Fiancée de Lammermoor*. Fils d'un procureur d'Édimbourg, il a vécu à plusieurs adresses dans New Town avant de s'installer dans sa maison de campagne d'Abbotsford.

Robert Louis Stevenson

Robert Louis Stevenson (1850-1894) est né au 8 Howard Place, dans New Town, dans une famille d'ingénieurs spécialisés dans les phares. Il est connu et apprécié dans le monde entier pour ses œuvres, telles que *Enlevé !*, *Catriona*, *L'Île au trésor*, *Le Maître de Ballantrae* et *L'Étrange Cas du Dr Jekyll et de Mr Hyde*. La plupart ont été adaptés au cinéma. Son roman le plus lu, *L'Île au trésor* (1883), a été traduit dans de nombreuses langues et n'a jamais cessé d'être réimprimé.

Muriel Spark

Dame Muriel Spark (1918-2006), née dans la capitale écossaise, fit ses études à la James Gillespie's High School for Girls. Cette expérience lui a servi de base pour son roman le plus connu, *Les Belles Années de Mademoiselle Brodie* (1961), un portrait de l'Édimbourg des années 1930. Muriel Spark fut une autrice prolifique. Elle publia son 22e roman, *À bonne école*, en 2004, alors qu'elle était âgée de 86 ans.

Auteurs contemporains

Parmi les auteurs écossais à succès, on compte Candia McWilliam, Ian Rankin, Sara Sheridan, Alexander McCall Smith et Irvine Welsh. Les enquêtes de l'inspecteur Rebus d'Ian Rankin explorent les zones les plus sombres de la capitale écossaise ; les dialogues sont percutants, les détails précis et les caractères bien campés. Bien qu'elle soit née à Bristol, c'est à Édimbourg que J. K. Rowling débuta sa carrière. Elle écrivit notamment la première aventure de Harry Potter dans plusieurs cafés de sa ville d'adoption.

EDINBURGHCITYMOM/SHUTTERSTOCK ©

Tigerlily (p. 113)

Voodoo Rooms

MUSIQUE LIVE

41 PLAN P. 100, E4

Au-dessus du Café Royal Circle Bar (p. 111), cet ensemble de bars et de salles de spectacle au décor fastueux (cuir noir, moulures et dorures) accueille notamment des soirées soul classique, Motown et blues, des jam-sessions et des concerts de groupes locaux. (0131-556 7060 ; www.thevoodoorooms.com ; 19a W Register St, EH2 2AA ; gratuit-20 £ ; 16h-1h lun-jeu, 12h-1h ven-dim ; St Andrew Sq)

Edinburgh Folk Club

MUSIQUE LIVE

42 PLAN P. 100, H3

Le centre ukrainien héberge l'Edinburgh Folk Club où des groupes et des chanteurs donnent des concerts le mercredi soir à 20h. (www.efc1973.com ; Ukrainian Community Centre, 14 Royal Tce, EH7 5AB ; 10 £ ;)

Shopping

Valvona & Crolla

ALIMENTATION

43 PLAN P. 100, G2

Ouvert depuis les années 1930, le roi des traiteurs d'Édimbourg concocte quantité de délices méditerranéennes. L'établissement possède aussi un **café** (plats 7-14 £ ; 9h-17h30 lun-sam ;). (0131-556 6066 ; www.valvonacrolla.co.uk ; 19 Elm Row ; 9h-18h30 lun-sam ; tout bus pour Leith Walk)

Ouvertures tardives

La plupart des boutiques d'Édimbourg ferment plus tard le jeudi, à 19h ou 20h. De nombreux magasins du centre-ville font de même tous les jours de la semaine durant l'Edinburgh International Festival, en août, et pendant les 3 semaines qui précèdent Noël.

Curiouser and Curiouser

DESIGN

44 PLAN P. 100, F2

Cette boutique indépendante originale de l'artère branchée de Broughton Street vend toutes sortes d'articles design (posters d'art, bijoux, articles pour la maison, papeterie, livres...), signés d'artistes locaux et internationaux. C'est le lieu rêvé pour flâner et dénicher des cadeaux sans se ruiner. (0131-556 1866 ; www.curiouserandcuriouser.com ; 93 Broughton St ; 11h-16h ; 8)

Life Story

ARTICLES POUR LA MAISON

45 PLAN P. 100, E2

Dans cette boutique d'articles pour la maison, d'accessoires et de bijoux de qualité, au design raffiné d'influence scandinave, vous pourrez accompagner votre visite d'un café et de gâteaux, servis dans une belle vaisselle. (0131-629 9699 ; www.lifestoryshop.com ; 53 London St, EH3 6LX ; 10h30-17h mar-ven et dim, 10h30-18h sam ; 8)

Scottish Gallery

ART ET ARTISANAT

46 PLAN P. 100, C3

Cette galerie qui appartient au plus grand marchand d'art d'Édimbourg, Aitken Dott, expose et vend des œuvres d'artistes écossais contemporains et de maîtres de la fin du XIXe et du début du XXe siècle (notamment des coloristes écossais). (0131-558 1200 ; www.scottish-gallery.co.uk ; 16 Dundas St, EH3 6HZ ; 10h-18h lun-ven, 10h-16h sam ; 23, 27)

Perre

BIJOUX

47 PLAN P. 100, B5

Ce minuscule showroom spécialisé dans les bijoux en argent faits main vend bagues, bracelets, broches et boucles d'oreille. Ils sont ornés de motifs en tout genre : nœuds celtiques, chardons, plumes, feuilles... (0131-629 5515 ; www.perre.co.uk ; 129 Rose St, EH2 3DT ; 11h-18h ; Princes St)

Alchemia

BIJOUX

48 PLAN P. 100, C4

Les bijoux exposés dans cette boutique sont conçus en Écosse et confectionnés à St Andrews dans le Fife. Ils sont inspirés des formes et couleurs de la nature. (0131-220 4795 ; www.alchemia.co.uk ; 37 Thistle St, EH2 1DY ; 11h-17h mar-jeu et sam ; 23, 27)

Palenque

BIJOUX

49 PLAN P. 100, C5

Pour les amateurs de bijoux contemporains et d'accessoires

artisanaux fabriqués en céramique, tissu et métal. (0131-225 719 ; www.palenquejewellery.co.uk ; 99 Rose St, EH2 3DT; 10h-17h lun-sam, 11h30-16h dim ; Princes St)

McNaughtan's Bookshop

LIBRAIRIE

50 PLAN P. 100, G2

Cette librairie fondée en 1957 réunit sur ses rayonnages de nombreux volumes d'occasion et livres anciens, ainsi que d'autres ouvrages aux thèmes variés. (556 5897 ; mcnaughtans.co.uk ; 3a-4a Haddington Pl, EH7 4AH ; 11h-17h mar-sam ; tout bus pour Leith Walk)

One World Shop

CADEAUX ET SOUVENIRS

51 PLAN P. 100, A6

Le One World Shop vend une large gamme de produits artisanaux (papeterie, tapis, textiles, bijoux, céramique, accessoires et alimentation) issus du commerce équitable et provenant de pays en voie de développement (0131-229 4541 ; oneworldshop.co.uk ; St John's Church, Lothian Rd, EH2 4BJ ; 10h-17h30 lun-sam toute l'année, 12h-17h dim avr-oct ; tout bus pour Princes St)

Harvey Nichols

GRAND MAGASIN

52 PLAN P. 100, E4

Le temple du shopping édimbourgeois s'étend sur 4 niveaux. On y trouve des articles de grandes marques, à des prix exorbitants. (0131-524 8388 ; www.harveynichols.com ; 30-34 St Andrew Sq, EH2 2AD ; 10h-18h lun-mer, 10h-20h jeu, 10h-19h ven-sam, 11h-18h dim ; St Andrew Sq)

Jenners

GRAND MAGASIN

53 PLAN P. 100, E5

Fondé en 1838 et racheté par House of Fraser en 2005, Jenners est le plus ancien des grands magasins écossais. Il réunit une grande diversité d'articles de qualité, classiques ou contemporains.

Son déménagement prévu pour 2021 dans de nouveaux locaux au sein du St James Quarter a été repoussé en raison de l'épidémie de Covid-19. (0131-225 2442 ; www.houseoffraser.co.uk ; 48 Princes St, EH2 2YJ ; 9h30-18h30 lun-mer, 9h30-20h jeu, 9h30-19h ven, 9h-19h sam, 11h-18h dim ; Princes St)

John Lewis

GRAND MAGASIN

54 PLAN P. 100, F3

Vêtements et articles pour la maison d'un bon rapport qualité/prix. À côté du nouveau complexe St James Quarter. (0131-556 9121 ; www.johnlewis.com ; St James Quarter, Leith St, EH1 3SS ; 9h-18h lun-mer et ven, 9h-20 jeu, 9h-18h30 sam, 10h-18h dim ; York Pl)

Fopp

MUSIQUE

55 PLAN P. 100, D4

Le lieu idéal pour dénicher des CD et vinyles bon marché, avec l'aide de vendeurs chaleureux et avertis. (0333 323 0670 ; www.fopp.com ; 3-15 Rose St, EH2 2PR ; 9h30-17h30 lun-sam, 11h-17h dim ; tout bus pour Princes St)

Explorer

West End et Dean Village

Avec ses élégantes rues georgiennes, ses places arborées et les boutiques chics de William Street et Stafford Street, le West End est un prolongement de New Town. Il englobe aussi l'Exchange (le quartier de la finance), ainsi que Lothian Road (celui des théâtres). Il s'étend à l'ouest dans la vallée de la Water of Leith, jusqu'au pittoresque Dean Village.

Notre sélection

- ***Scottish National Gallery of Modern Art (p. 120)***. *Art moderne et contemporain, au cœur d'un superbe jardin paysager.*
- ***Dean Village (p. 123)***. *Cet ancien hameau de meuniers est un coin charmant du centre-ville.*
- ***Quartier des théâtres (p. 129)***. *Près de Lothian Road, avec le Royal Lyceum Theatre, le Traverse Theatre, l'Usher Hall, le Filmhouse…*
- ***Murrayfield Stadium (p. 130)***. *Le Tournoi des six nations marque le temps fort de l'année sportive.*

Comment y aller et circuler

L'unique ligne de tramway de la ville passe à proximité ; il faut un bus pour se rendre à la Scottish National Gallery of Modern Art.

De Princes Street, les bus Lothian n^{os}3, 4, 25, 33 et 44 rejoignent le West End en passant par Shandwick Place puis Haymarket. Pour Dean Village, prenez le bus (n°13 dans Hanover Street, ou n^{os}19, 36, 37, 41 ou 47 dans George Street) jusqu'au Dean Bridge, puis descendez à pied Bell's Brae.

Relie l'aéroport au centre-ville en passant par le quartier – arrêts Haymarket et West End.

Plan du quartier p. 122

Dean Village (p. 123) PAMKA /SHUTTERSTOCK©

Les incontournables

Scottish National Gallery of Modern Art

Le musée d'Art moderne d'Édimbourg occupe deux impressionnants bâtiments néoclassiques, au cœur d'un jardin paysager. Il abrite une éblouissante collection d'œuvres des coloristes écossais postimpressionnistes, et sert aussi de point de départ à une promenade le long de la Water of Leith.

PLAN P. 122, A2

0131-624 6200

www.nationalgalleries.org

75 Belford Rd, EH4 3DR

Gratuit

10h-17h

13

Modern One

Modern One, la collection principale, est dévolue à l'art du XXe siècle (Matisse, Picasso, Kirchner, Magritte, Miró, Mondrian, Giacometti...). La place d'honneur est réservée aux peintres écossais, des coloristes du début du XXe siècle aux artistes contemporains comme Peter Howson et Ken Currie.

Modern Two

En face, un autre palais néoclassique (un ancien orphelinat) abrite le Modern Two, où est exposée une collection d'œuvres de sir Eduardo Paolozzi (1924-2005), natif d'Édimbourg. L'atelier de l'artiste est reconstitué dans l'une des salles du 1er étage. Le reste du bâtiment accueille des expositions temporaires d'art moderne.

Jardin

La collection du musée s'étend aussi dans le parc alentour, avec des sculptures de Henry Moore, de Rachel Whiteread, de Julian Opie et de Barbara Hepworth, une œuvre d'art paysager de Charles Jencks toute en courbes et le **Pig Rock Bothy**, une hutte en bois destinée à accueillir des spectacles et des expositions, créée en 2014 dans le cadre du **Bothy Project** (www.thebothyproject.org).

Les "6 Times" d'Antony Gormley

À l'arrière du musée, un sentier et un escalier mènent au Water of Leith Walkway que vous pouvez suivre jusqu'à Leith, à 6,5 km en aval. Vous passerez devant les **6 Times**, six sculptures de figures humaines d'Antony Gormley dressées le long de la rivière (la 6e semble jaillir du trottoir à l'entrée du musée).

★ À savoir

- Une navette gratuite circule entre la Scottish National Gallery et la National Portrait Gallery. Départs toutes les heures de 11h à 16h.
- Le samedi, le musée organise des circuits et des ateliers pour les enfants. Consultez le site Internet (onglet *Events*) puis *Families & Children*.

✕ Une petite pause ?

La terrasse du **Cafe Modern One** (www.heritageportfolio.co.uk/cafes ; 75 Belford Rd ; plats 4-10 £ ; 🕘10h-16h30 ; 📶 👪 ; 🚌13) donne sur les sculptures du jardin. Une statue métallique géante de Vulcain trône dans le **Paolozzi's Kitchen** (📞0131-332 5909 ; www.heritageportfolio.co.uk/cafes ; 73 Belford Rd ; plats 6-10 £ ; 🕘10h-16h30 ; 📶 👪 ; 🚌13) situé dans le Modern Two. Ces deux établissements servent des gâteaux et du café, ainsi que des plats chauds (12h-14h30).

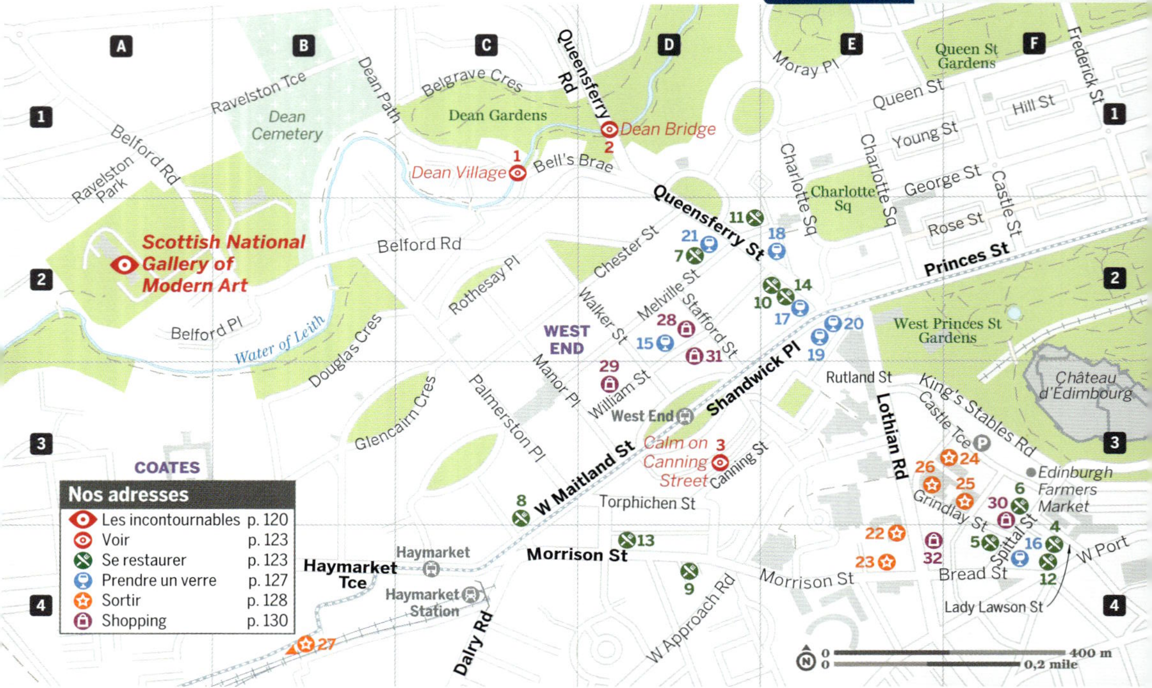
Nos adresses
Les incontournables p. 120
Voir p. 123
Se restaurer p. 123
Prendre un verre p. 127
Sortir p. 128
Shopping p. 130
Scottish National Gallery of Modern Art
Dean Village 1
Dean Bridge 2
Calm on Canning Street 3
WEST END
COATES
Dean Cemetery
Dean Gardens
Queen St Gardens
Charlotte Sq
West Princes St Gardens
Château d'Édimbourg
Edinburgh Farmers Market
Water of Leith
Ravelston Tce
Ravelston Park
Belford Rd
Belford Pl
Dean Path
Belgrave Cres
Queensferry Rd
Bell's Brae
Queensferry St
Chester St
Rothesay Pl
Douglas Cres
Glencairn Cres
Palmerston Pl
Manor Pl
Walker St
Melville St
Stafford St
William St
Shandwick Pl
W Maitland St
Torphichen St
Canning St
Morrison St
Haymarket Tce
Haymarket
Haymarket Station
Dalry Rd
W Approach Rd
West End
Rutland St
Lothian Rd
King's Stables Rd
Castle Tce
Grindlay St
Spittal St
Bread St
Lady Lawson St
W Port
Princes St
Rose St
George St
Castle St
Charlotte Sq
Young St
Hill St
Queen St
Moray Pl
Frederick St
0 400 m
0 0,2 mile

Voir

Dean Village

QUARTIER

1 PLAN P. 122, C1

En contrebas, à l'ouest du Dean Bridge, Dean Village (*dene* signifie "vallée" en scots) était, à l'origine, un hameau de meuniers fondé au XIIe siècle par les chanoines de l'abbaye de Holyrood. Vers 1700, 11 moulins à eau y produisaient de la farine. L'un d'entre eux a été transformé en immeuble d'habitation, et le village est devenu une agréable zone résidentielle, avec des balades à faire le long de la rivière. (19, 36, 37, 41, 47)

Dean Bridge

PONT

2 PLAN P. 122, D1

Cet ouvrage de Thomas Telford, qui fut bâti entre 1829 et 1832 pour permettre l'extension de New Town vers le nord-ouest, déploie gracieusement son arche dans la vallée étroite de la Water of Leith. La rivière coule à 27 m en contrebas. Les parapets furent ajoutés en 1912. (19, 36, 37, 41, 47)

Calm on Canning Street

YOGA

3 PLAN P. 122, D3

Pour une pause détente au beau milieu de votre séjour, vous pourrez profiter de séances de yoga Vinyasa, Gentle Flow, Power et Yin, et de cours pour débutants, dans ce havre de paix situé dans une ruelle. Réservations en ligne. (07704 472029 ; www.calmoncanningstreet.com ; 16 Canning St, EH3 8EG ; à partir de 14 £ ; 7h-20h lun-ven, 10h30-11h30 sam, 16h-18h30 dim ; West End)

Se restaurer

Timberyard

ÉCOSSAIS ££

4 PLAN P. 122, F4

Parquet ancien, colonnes en fonte, poutres apparentes et tables en vieil acajou : atmosphère rustique et vintage au rendez-vous dans ce restaurant Slow Food qui met en valeur des ingrédients locaux issus de petits producteurs. Goûtez par exemple la lotte au miel, au safran, à la criste-marine et aux poireaux ou le pigeon avec trévise, chanterelles et xérès. (0131-221 1222 ; www.timberyard.co ; 10 Lady Lawson St ; plats 16-22 £, menu 5 plats 50 £ ; 12h-14h et 17h30-21h30 mar-sam ; ; 2, 300)

Kanpai Sushi

JAPONAIS ££

5 PLAN P. 122, F4

Voici, probablement, le meilleur restaurant de sushis d'Édimbourg ! Le Kanpai impressionne par l'excellente qualité de ses poissons, la présentation de ses plats et sa décoration intérieure minimaliste. Le tempura d'encornet est servi dans un délicat panier d'osier, tandis que l'assortiment de sashimis est présenté dans un bol en grès rempli de glace. Réservation recommandée. (0131-228 1602 ; www.kanpaisushi.co.uk ; 8-10 Grindlay St ; plats 9-15 £,

Water of Leith Walkway

Le Water of Leith Walkway relie la Scottish National Gallery of Modern Art à Stockbridge en passant par Dean Village. Cet itinéraire qui constitue un ruban vert, un petit bout de campagne au cœur de la ville, est un refuge pour la faune.

sushis 4-10 £/pièce ; 12h-14h30 et 17h-22h30 mar-sam ; tout bus vers Lothian Rd)

Terra Marique

ITALIEN ££

6 PLAN P. 122, F3

Ici pas de pizzas ni de pâtes : le chef sarde mitonne une cuisine authentique et raffinée de sa région. Parmi les plats de saison, citons la lotte bardée de lard et accompagnée de haricots cornilles mijotés, et le ragoût de lapin avec des chips de polenta. (0131-229 0070 ; www.terra-marique.co.uk ; 36 Castle Tce ; plats 11-19 £ ; 17h-22h mer-dim, 12h-15h sam-dim ; 2, 35)

Westroom

ITALIEN ££

7 PLAN P. 122, D2

Le Westroom, qui se targue d'être le premier bar à *cicchetti* (tapas vénitiennes) d'Édimbourg, sert de petites portions de *nduja* (saucisse italienne épicée), des boulettes de viande, des frites de courgette, des anchois marinés, de la burrata avec du basilic et de la tomate, et d'appétissants antipasti (salami, *prosciutto*, pecorino, mozzarella, pickles...). Interdit aux moins de 18 ans. (0131-629 9868 ; www.thewestroom.co.uk ; 3 Melville Pl ; 4-10 £ par portion; 11h30-22h30 mar-sam ; 13, 19, 36, 37, 41)

Omar Khayyam

INDIEN ££

8 PLAN P. 122, C3

Dans ce restaurant moderne spécialisé dans la cuisine du Pendjab, le service attentif est assuré par un personnel en gilet et une pièce d'eau trône au centre de la salle au décor contemporain chic. Les mets sont frais et savoureux, des plus classiques, comme le poulet *tikka masala*, aux moins courants, comme le poulet avec pois chiches, cumin et coriandre. (0131-225 2481 ; www.omar-khayyam.co.uk ; 1 Grosvenor St ; plats 10-22 £ ; 12h-14h et 17h-0h lun-ven, 12h-0h sam, 16h30-0h dim ; ; Haymarket)

McKirdy's Steakhouse

ÉCOSSAIS £££

9 PLAN P. 122, D4

Les frères McKirdy, les propriétaires d'une boucherie de quartier fondée en 1895, se passent d'intermédiaire ! Ils sont également à la tête de cet excellent grill, où le personnel sympathique sert des entrées comme le haggis sauce au Drambuie (liqueur de whisky), ainsi que des steaks parfaitement préparés. (0131-229 6660 ; www.mckirdyssteakhouse.co.uk ; 151 Morrison St ; plats 14-32 £ ;

17h-22h dim-jeu, 17h-22h30 ven-sam ; ; 2)

Vesta Bar & Kitchen

CAFÉ ££

10 PLAN P. 122, E2

Son partenariat avec Social Bite, un projet social qui vient en aide aux sans-abri (et leur assurent une formation et un emploi), ajoute encore à l'attrait de ce café-bar attachant. Au menu ici : une délicieuse cuisine – du steak de paleron servi avec des œufs pochés au taboulé au chou-fleur –, servie éventuellement avec une bière artisanale ou un cocktail original.

Sur chaque table, une carte vous permet de prépayer un plat pour un sans-abri. (0131-220 0773 ; www.vestaedinburgh.co.uk ; 7-8 Queensferry St ; plats 10-18 £ ; 12h-22h lun-sam, 10h-17h dim ;)

La P'tite Folie

FRANÇAIS ££

11 PLAN P. 122, D2

Bougies, bois ciré et fenêtres à petits carreaux confèrent une agréable atmosphère de club à ce bistrot à la française, situé à l'étage d'un bâtiment singulier d'inspiration Tudor. Essayez d'obtenir la table dans la petite tourelle de l'angle, donnant sur les flèches de St Mary's Cathedral. Déjeuner (2 plats) à 14,95 £. (0131-225 8678 ; www.laptitefolie.co.uk ; 9 Randolph Pl ; plats 14-25 £ ; 12h-15h et 18h-22h lun-jeu, 12h-15h et 18h-23h ven-sam ; ; 19, 36, 37, 41, 47)

Water of Leith

PAMKA/SHUTTERSTOCK ©

Lovecrumbs

CAFÉ £

12 PLAN P. 122, F4

Ce café patiné, fréquenté par des étudiants et des branchés, sert de belles pâtisseries originales, présentées sur un buffet rétro, ainsi que du café artisanal Steampunk et du chocolat chaud Coco Chocolatier, inégalables. Que diriez-vous d'une part de gâteau citron-lavande, avec un chocolat chaud à la rose et à la cardamome ? (0131-629 0626 ; www.lovecrumbs.co.uk ; 155 West Port ; plats 3-6 £ ; 9h-18h lun-ven, 9h30-18h sam, 12h-18h dim ; 2)

Cafe Milk

CAFÉ £

13 PLAN P. 122, D4

La restauration rapide raisonnée : locale, naturelle, fraîche et nourrissante ! Commandez par exemple un porridge bio, des beignets courgette-citron-feta ou un *dhal* (curry de lentilles) d'Inde du Nord accompagné de riz ou de galettes. Le tout à emporter ou à déguster assis sur un banc d'écolier cabossé, autour d'une vieille table en Formica au charme rétro. Autres enseignes à la Fruitmarket Gallery (p. 71) et à l'Edinburgh Sculpture Workshop (p. 151). (0131-629 6022 ; www.cafemilk.co.uk/west-end/ ; 232 Morrison St ; plats 6-9 £ ; 7h30-16h lun-ven, 8h-16h sam, 8h-15h dim ; ; Haymarket)

Rendezvous

CHINOIS ££

14 PLAN P. 122, E2

Le plus vieux restaurant chinois d'Édimbourg date de 1956. C'est

Edinburgh Farmers Market

CHRISTIAN MUELLER/SHUTTERSTOCK ©

un établissement sans chichis, qui propose un grand nombre de mets cantonais et pékinois : des plats typiques, comme l'effiloché de bœuf au piment et le canard laqué, ou plus inhabituels, comme les lamelles de méduse ou les pattes de canard désossées dans une sauce à la moutarde. (0131-225 2023 ; www.edinburghrendezvous.co.uk ; 10a Queensferry St ; plats 11-15 £ ; 12h-14h30 et 17h-22h30 mar-jeu, 17h-23h ven-sam, 13h-22h30 dim ; ; 19, 36, 37, 47)

Edinburgh Farmers Market

Chaque samedi, on trouve notamment sur les étals de ce **marché de producteurs** (plan p. 122, F3 ; 0131-220 8580 ; www.facebook.com/EdinburghFarmersMarket ; Castle Tce ; 9h-14h sam ; tout bus vers Lothian Rd) coloré du sanglier, du chevreuil, du bacon fermier, du pain bio, des œufs de poules élevées en plein air, du miel et du savon artisanal.

Prendre un verre

The Voyage of Buck

BAR

15 PLAN P. 122, D2

Ce pub à thème joue sur les exploits d'un aventurier victorien fictif du nom de Buck Clarence. La décoration comme les cocktails de la carte de 25 pages sont inspirés des voyages que ce dernier aurait faits, notamment à Paris, au Caire, à Casablanca et à Delhi. Plein d'ironie, un brin extravagant... et très divertissant ! (0131-225 5748 ; www.thevoyageofbuckedinburgh.co.uk ; 29-31 William St ; 10h-0h lun-mer, 10h-1h jeu-dim ; ; West End)

Blue Blazer

PUB

16 PLAN P. 122, F4

Loin des excès de style des bars modernes, ce pub au sol en mosaïque, avec meuble en bois ciré, cheminée et service efficace, réjouit une fidèle clientèle d'amateurs de *real ales*, de rhum et de courses de chevaux du samedi. (0131-229 5030 ; www.facebook.com/blueblazeredin ; 2 Spittal St ; 11h-1h lun-sam, 12h30-1h dim ; ; 2, 35)

Mathers Bar

PUB

17 PLAN P. 122, E2

Fondé par le marchand de vin Hugh P. Mather en 1902, ce pub résolument rétro a conservé des éléments d'époque, comme les moulures au plafond et le meuble en acajou massif derrière le bar. Avec ses six *real ales* à la pression, son ambiance conviviale et sa cheminée, c'est l'endroit rêvé pour prendre une pinte entre amis. (0131-225 3549 ; 1 Queensferry St ; 19, 36, 37, 47)

Indigo Yard

BAR

18 PLAN P. 122, E2

Agencé autour d'une vaste cour dallée de pierre et coiffée d'une verrière, ce bar tendance a accueilli Liam Gallagher, Pierce Brosnan et Kylie Minogue, entre autres célébrités. La bonne cuisine ne gâche rien (des barbecues sont organisés à l'extérieur en été). (0131-220 5603 ; www.indigoyardedinburgh.co.uk ; 7 Charlotte Lane ; 8h-1h ; ; 19, 36, 37, 41, 47)

Ghillie Dhu

PUB

19 PLAN P. 122, E2

Avec ses immenses tables en bois brut, ses alcôves aux banquettes de cuir et son carrelage lustré noir et blanc, ce bar spectaculaire constitue un cadre grandiose pour les bœufs de musique folk organisées tous les soirs (à partir de 22h, gratuit). (0131-222 9930 ; ghillie-dhu.co.uk ; 2 Rutland Pl ; 11h-3h lun-ven, 10h-3h sam-dim ; tout bus vers Princes St)

Edinburgh Gin Distillery

DISTILLERIE

20 PLAN P. 122, E2

Les amateurs de gin se pressent dans cette distillerie du centre-ville. Depuis son premier gin sec classique (London Dry) en 2010, cette marque édimbourgeoise met à l'honneur les mélanges de saveurs créatifs, comme dans le délicieux gin parfumé à la rhubarbe et au gingembre. Les visites incluent une dégustation (réservez). (0131-656 2810 ; www.edinburghgin.com ; 1a Rutland Pl ; 10h-16h30 ; West End)

Cairngorm Coffee

CAFÉ

21 PLAN P. 122, D2

Ce café lumineux de style scandinave est l'un des plus agréables de la ville pour s'attarder autour d'un *flat white* à une table avec portables et iPads encastrés pour surfer gratuitement sur Internet. Il sert aussi de bons en-cas, dont un sandwich au *pastrami*, au fromage, à la choucroute et aux pickles. (www.cairngormcoffee.com ; 1 Melville Pl ; 9h-15h ; ;))

Sortir

Filmhouse

CINÉMA

22 PLAN P. 122, E4

Au centre de l'**International Film Festival** (www.edfilmfest.org.uk ; juin), organisé chaque année à Édimbourg, ce cinéma propose une programmation mêlant films d'art et d'essai, classiques du 7e art, films étrangers et rediffusions, avec des thématiques, des rétrospectives et des projections de films en 70 mm. Toutes les salles sont accessibles avec un fauteuil roulant. (0131-228 2688 ; www.filmhousecinema.com ; 88 Lothian Rd ; billets 7-11 £ ; ; tout bus vers Lothian Rd)

Henry's Cellar Bar

MUSIQUE LIVE

23 PLAN P. 122, E4

Dans cette salle de concerts éclectique, la scène est occupée presque tous les soirs de la semaine par des groupes

FOTOKON/SHUTTERSTOCK ©

Ghillie Dhu

de musiques rock, funk, hip-hop, hardcore, des Balkans... (☎0131-629 2992 ; www.facebook.com/Henryscellarbar ; 16 Morrison St ; gratuit-10 £ ; ⏲21h-3h dim et mar-jeu, 20h-3h lun, 19h-3h ven-sam ; 🚌tout bus vers Lothian Rd)

Traverse Theatre

THÉÂTRE

24 ⭐ PLAN P. 122, F3

La scène privilégiée des dramaturges écossais contemporains, avec une programmation audacieuse. La billetterie n'est ouverte le dimanche (à partir de 16h) que lorsqu'il y a une représentation. (☎0131-228 1404 ; www.traverse.co.uk ; 10 Cambridge St ; ⏲billetterie 10h-18h lun-sam, 10h-20h les soirs de représentation ; 📶 ; 🚌tout bus vers Lothian Rd)

Royal Lyceum Theatre

THÉÂTRE

25 ⭐ PLAN P. 122, F3

À côté de l'Usher Hall, ce théâtre victorien grandiose programme des pièces de théâtre, des concerts, des comédies musicales et des ballets. (☎0131-248 4848 ; lyceum.org.uk ; 30b Grindlay St, EH3 9AX ; ⏲billetterie 10h-17h lun-sam, 10h-19h les soirs de représentation ; 👪 ; 🚌tout bus vers Lothian Rd)

Usher Hall

MUSIQUE CLASSIQUE

26 ⭐ PLAN P. 122, E3

Cette salle à l'architecture impressionnante accueille le Royal Scottish National Orchestra (RSNO) et des spectacles de musique populaire. (☎0131-228 1155 ; www.usherhall.co.uk ; Lothian

Rd ; billetterie 10h-17h30, jusqu'à 20h les soirs de concert ; tout bus vers Lothian Rd)

Murrayfield Stadium

STADE

27 PLAN P. 122, B4

Les matchs de rugby internationaux se jouent dans ce stade, situé à 2,5 km au sud-ouest du centre-ville. (www.scottishrugby.org ; 112 Roseburn St, EH12 5PJ ; Murrayfield Stadium)

Shopping

Gallery 10

ART

28 PLAN P. 122, D2

Cette galerie spécialisée dans l'art moderne et contemporain (des œuvres d'artistes célèbres, comme Picasso et Roy Lichtenstein, y sont souvent exposées) promeut le travail de maîtres graveurs, de maîtres verriers et d'autres artistes écossais ou étrangers prometteurs. (www.galleryten.co.uk ; 5 William St ; 10h30-17h30 mar-sam ; West End)

Lily Luna

BIJOUX

29 PLAN P. 122, D3

Si vous recherchez un cadeau spécial (ou si vous souhaitez tout simplement vous faire plaisir), c'est la boutique idéale ! On y trouve un choix scintillant de boucles d'oreille, de colliers, de bracelets et de broches de créateurs indépendants, comme Anna Beck, Betsy Heilmann et Cristina Zani. Vous remarquerez

Murrayfield Stadium

EDINBURGHCITYMOM/SHUTTERSTOCK ©

la gamme Botanic Garden (jardin botanique) de jeunes joailliers chinois s'inspirant de la peinture traditionnelle et des jardins zen. (☎0131-467 8245 ; www.lilyluna.co.uk ; 43 William St ; ⏰10h30-18h lun-sam ; 🚊West End)

Assai Records

MUSIQUE

30 🔒 PLAN P. 122, F3

Ce magasin de musique indépendant spécialisé dans les vinyles (anciens, neufs ou remasterisés) vend aussi des tourne-disques, des T-shirts de groupes et d'autres produits dérivés. Assai possède par ailleurs sa propre maison de disques qui soutient les nouveaux talents écossais. (☎0131-228 3943 ; www.assai.co.uk ; 1 Grindlay St, EH3 9AT ; ⏰9h30-18h lun et mer-sam, 10h-18h mar, 12h-17h dim ; 🚌2, 35)

Liam Ross

BIJOUX

31 🔒 PLAN P. 122, D2

Des bijoux artisanaux uniques, voilà la marque de fabrique du joaillier Liam Ross. Choisissez parmi la gamme de superbes bagues, bracelets et pendentifs en boutique, ou commandez un bijou personnalisé à l'artiste en personne. (☎0131-225 6599 ; www.jewellerybyliamross.com ; 12 William St ; ⏰9h-17h30 mar-ven, 10h-17h sam ; 🚊West End)

Shopping dans le West End

Outre des grandes enseignes, qui s'égrènent dans l'artère principale de ce secteur d'Édimbourg, Shandwick Place, on trouve des boutiques de créateurs indépendants dans William Street, entre Manor Place et Stafford Street. Un marché de producteurs (p. 127) a lieu le samedi.

Wonderland

JOUETS

32 🔒 PLAN P. 122, E4

Ce magasin de jouets, qui propose tout ce dont rêvent les enfants (Lego *Star Wars*, voitures téléguidées, etc.), attire aussi les véritables mordus de trains électriques et de modèles réduits. (☎0131-229 6428 ; www.wonderlandmodels.com ; 97-101 Lothian Rd ; ⏰9h30-18h lun-ven, 9h-18h sam ; 🚌tout bus vers Lothian Rd)

Explorer

Stockbridge

Enclave un peu bohème au nord du centre-ville, Stockbridge possède d'agréables boutiques, pubs et bistrots de quartier. C'était à l'origine un village de meuniers qui se développa au début du XIXe siècle sur des terres appartenant en grande partie au peintre sir Henry Raeburn qui a laissé son nom à la rue principale, Raeburn Place.

Notre sélection

- ***Royal Botanic Garden (p. 134)****. Un parc paysager de 28 ha, avec de splendides serres victoriennes remplies de palmiers.*
- ***Stockbridge Market (p. 143)****. On se presse sur ce marché le dimanche – le quartier, marqué par un fort esprit communautaire, est alors très animé.*
- ***Water of Leith Walkway (p. 140)****. Un sentier de promenade le long de la rivière d'Édimbourg, la Water of Leith.*
- ***Scran & Scallie (p. 139)****. Pour goûter l'excellente cuisine du chef Tom Kitchin.*
- ***Shopping (p. 143)****. Les nombreuses boutiques et galeries du quartier regorgent d'idées de cadeaux.*

Comment y aller et circuler

Les bus Lothian nos 24, 29 et 42 relient Frederick Street, dans le centre-ville, à Raeburn Place, à Stockbridge. Le n°36 traverse le quartier, depuis St Bernard's Crescent et Leslie Place, jusqu'à Hamilton Place et Henderson Row.

Plan du quartier p. 138

Circus Lane STEPHEN BRIDGER/SHUTTERSTOCK ©

Les incontournables

Royal Botanic Garden

Ce jardin botanique royal est mondialement réputé. Il s'agit du plus ancien du Royaume-Uni, après celui d'Oxford. Créé à l'origine près de Holyrood en 1670, il fut transféré à son emplacement actuel en 1823. Il s'étend sur 28 ha, ponctués notamment de superbes serres victoriennes garnies de palmiers, de massifs d'azalées et de rhododendrons, et d'une admirable rocaille.

PLAN P. 138, C1

0131-248 2909

www.rbge.org.uk

Arboretum Place

Gratuit

10h-18h mars-sept, 10h-17h fév et oct, 10h-16h nov-jan

8, 23, 27

John Hope Gateway

Le centre d'information des visiteurs est installé dans cet étonnant espace écologique qui domine l'entrée principale d'Arboretum Place. Il renferme des expositions consacrées à la biodiversité, aux changements climatiques et au développement durable. On y trouve également des plantes rares extraites de la collection de l'institution, ainsi qu'un jardin de la biodiversité spécialement créé pour l'établissement.

Serres

Dans le coin nord du jardin botanique, un ensemble de 25 **serres** (tarif plein/enfant 6,50 £/gratuit) abrite une collection de plantes tropicales. Son joyau est la serre victorienne des palmiers, construite en 1834, et dans laquelle on peut admirer de grands palmiers tropicaux, notamment un palmier des Bermudes de 1822. Datant des années 1960, les serres du Front Range (première rangée) sont connues pour leur bassin tropical aux gigantesques nénuphars d'Amazonie.

Rocaille

Depuis sa création en 1871, la rocaille constitue l'un des grands attraits du Royal Botanic Garden. Sur ses pentes croissent plus de 4 000 espèces de plantes subarctiques et d'altitude du monde entier.

Sculptures

Procurez-vous un plan au centre d'information des visiteurs pour repérer les statues qui émaillent le jardin – de la statue du botaniste et taxinomiste suédois Carl von Linné (1707-1778) par l'architecte écossais Robert Adam à des œuvres modernes ou contemporaines de la sculptrice Barbara Hepworth (1903-1975) et de l'artiste de land art Andy Goldsworthy (né en 1956).

★ À savoir

- Des visites guidées du jardin ont lieu tous les jours à 11h et 14h d'avril à octobre.
- Les bus Majestic Tour (montée et descente à volonté) desservent l'entrée principale (Arboretum Pl, porte ouest) ; les bus publics s'arrêtent près de la porte est (Inverleith Row).
- Consultez le site Internet pour repérer les stars végétales par saisons.

Une petite pause ?

- Le **Gateway Restaurant** (p. 137), dans le John Hope Gateway, sert des petits-déjeuners chauds et des plats le midi.
- Le **Terrace Café** (☎0131-552 0606 ; www.atthebotanics.co.uk ; Royal Botanic Garden, Arboretum Pl ; plats 5-8 £ ; ⏰10h-18h mars-sept ; 👪 ; 🚌8, 23, 27) dispose de tables à l'extérieur avec une magnifique vue sur la ville.

Promenade à pied

Flânerie dominicale à Stockbridge

Situé à courte distance du centre-ville, Stockbridge paraît pourtant à des kilomètres avec ses petites rues tranquilles, ses parcs georgiens arborés, ses jolies boutiques, ses galeries d'art et la Water of Leith qui coule en son milieu. Il règne ici un fort esprit de quartier, notamment à l'occasion du marché du dimanche où se pressent les habitants.

La promenade

Départ Gateway Restaurant ; Royal Botanic Garden

Arrivée Stockbridge Market ; Kerr St

Distance 3,2 km

Durée 1 heure 30

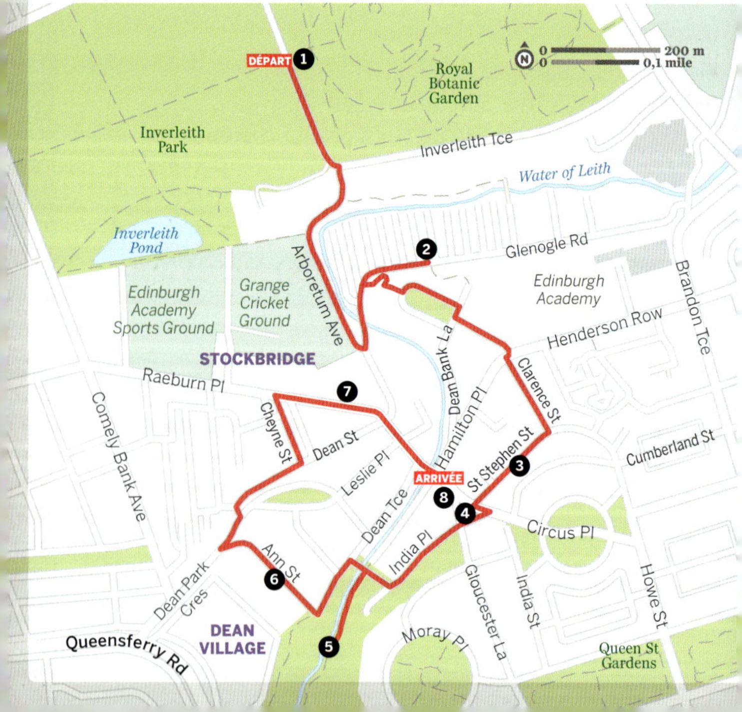

❶ Royal Botanic Garden

Prenez le bus n°8, 23 ou 27 jusqu'à la porte est dans Inverleith Row. Traversez le parc jusqu'au **Gateway Restaurant** (☎0131-552 2674 ; www.atthebotanics.co.uk ; John Hope Gateway, Royal Botanic Garden, Arboretum Pl ; plats 8-10 £ ; ⏱10h-18h mars-sept, 10h-17h fév et oct, 10h-16h nov-jan ; 🚌8, 23, 27) où vous vous régalerez de bagels, d'œufs Bénédicte, d'une salade de fruits ou d'un petit-déjeuner écossais… tout en profitant de la vue.

❷ Stockbridge Colonies

Une balade le long d'Arboretum Place et d'Arboretum Avenue vous mènera aux Stockbridge Colonies, des maisons en pierre construites au XIXe siècle afin de fournir des hébergements bon marché aux classes populaires. Sur plusieurs pignons, des plaques de pierre gravées représentent les outils des artisans bâtisseurs.

❸ Lèche-vitrines dans St Stephen's Street

St Stephen's Street est une rue typique du quartier, avec une succession de petites galeries, de boutiques, de restaurants et de bars en sous-sol. Miss Bizio (p. 144) est connue pour sa mode vintage chic. Sheila Fleet (p. 144) vend les bijoux de la créatrice du même nom. Sur St Stephen's Place, vous remarquerez l'arcade georgienne qui menait jadis à l'ancien marché à la viande de Stockbridge.

❹ Gloucester Lane

Cette rue pavée et pentue était autrefois la principale artère reliant Stockbridge à la ville, avant la construction de New Town. À l'angle d'India Place, **Duncan's Land** (qui abrite le restaurant **Nok's Kitchen**, p. 140) est l'un des plus anciens édifices du quartier. Il date de 1790.

❺ St Bernard's Well

Une courte promenade le long du Water of Leith Walkway mène jusqu'à St Bernard's Well (p. 139), un petit temple circulaire bâti en 1789. Découverte par des écoliers en 1760, sa source sulfureuse devint très populaire à la fin du XVIIIe siècle.

❻ Ann Street

Les villas georgiennes d'Ann Street sont parmi les plus belles d'Édimbourg. Classée au rang des six rues les plus huppées du Royaume-Uni en 2008, Ann Street sert de cadre à la pièce *Quality Street* (1902) de J. M. Barrie, le créateur de Peter Pan.

❼ Raeburn Place

Très animée, l'artère principale du quartier est bordée de magasins, de pubs et de restaurants.

❽ Stockbridge Market

Sur une place arborée, le marché du dimanche de Stockbridge (p. 143) regorge d'aliments, de savons, de cosmétiques, etc. Le Steampunk Coffee est installé dans un Combi Volkswagen des années 1970.

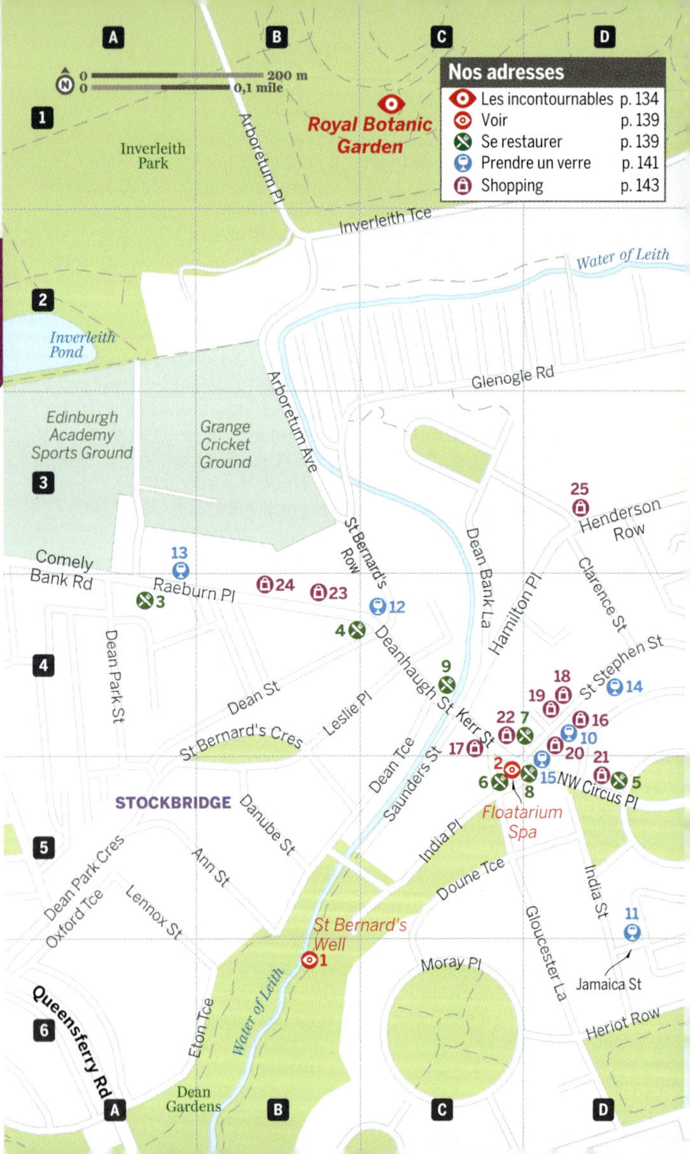
A
B
C
D
1
2
3
4
5
6
0 200 m
0 0,1 mile
Nos adresses
Les incontournables p. 134
Voir p. 139
Se restaurer p. 139
Prendre un verre p. 141
Shopping p. 143
Royal Botanic Garden
Inverleith Park
Arboretum Pl
Inverleith Tce
Water of Leith
Inverleith Pond
Glenogle Rd
Edinburgh Academy Sports Ground
Grange Cricket Ground
Arboretum Ave
St Bernard's Row
Dean Bank La
Henderson Row
Comely Bank Rd
Raeburn Pl
Clarence St
Hamilton Pl
Dean Park St
Deanhaugh St
St Stephen St
Dean St
Leslie Pl
Kerr St
St Bernard's Cres
Dean Tce
Saunders St
NW Circus Pl
Floatarium Spa
STOCKBRIDGE
Danube St
India Pl
Dean Park Cres
Ann St
Doune Tce
India St
Oxford Tce
Lennox St
St Bernard's Well
Moray Pl
Gloucester La
Jamaica St
Queensferry Rd
Eton Tce
Water of Leith
Heriot Row
Dean Gardens

Voir

St Bernard's Well

MONUMENT

1 PLAN P. 138, B6

Une statue d'Hygie, déesse de la Santé, orne ce petit temple circulaire érigé en 1789. La source sulfureuse qu'il abrite, découverte par des élèves de la George Heriot's School en 1760, devint très populaire à la fin du XVIIIe siècle, lorsque "prendre les eaux" était en vogue. Un visiteur compara toutefois son goût à celui de "la lavure de canons de fusils crasseux". Visites lors de la journée portes ouvertes (www.doorsopendays.org.uk) en septembre. (Water of Leith Walkway ; gratuit ; 24, 29, 36, 42)

Floatarium Spa

SANTÉ ET FITNESS

2 PLAN P. 138, C5

Offrez-vous une séance relaxante dans un caisson de flottaison, ou bien l'un des nombreux soins proposés : soins du visage, massages aux huiles essentielles, réflexologie, shiatsu, reiki, massage indien, etc. (sur rendez-vous). Sur place, une boutique vend des huiles de massage, de l'encens, des bougies, des traitements homéopathiques et des CD. (0131-225 3350 ; www.edinburghfloatarium.co.uk ; 29 NW Circus Pl ; soin à partir de 52 £/1 heure ; 10h-15h lun, 10h-20h mar-ven, 10h-18h sam, 10h-17h dim ; 24, 29, 42)

Se restaurer

Scran & Scallie

GASTROPUB ££

3 PLAN P. 138, A4

Fondé par les cuisiniers étoilés du Kitchin (p. 153), ce pub gastronomique décontracté apporte la touche d'un chef moderne à des classiques – parfait de foies de volaille, saucisses-purée, tourte au poisson... On y trouve également des versions raffinées de plats de pub (burgers, *steak pie*, *fish and chips*) et des variantes végétariennes, comme le burger épeautre-lentilles. (0131-332 6281 ; www.scranandscallie.com ; 1 Comely Bank Rd ; plats 14-21 £, menu lun-ven ; 12h-18h lun-dim, 8h30-22h sam-dim ; ; 24, 29, 42)

Taisteal

INTERNATIONAL ££

4 PLAN P. 138, B4

Taisteal signifie "voyage" en gaélique. Rien d'étonnant donc à ce que la carte de ce bistrot convivial mêle aux produits écossais des influences et saveurs du monde. Vous pourrez déguster par exemple une soupe de petits pois au piment *jalapeño* et aux croquettes de porc, ou du cerf Wellington avec courge butternut et mûres. Menu dégustation de 5/7 plats à 40/50 £. (0131-332 9977 ; www.taisteal.co.uk ; 1-3 Raeburn Pl ; repas 2/3 plats 25/30 £ ; 17h-20h30 mar-sam ; 24, 29, 36, 42)

Water of Leith

La rivière d'Édimbourg est un modeste cours d'eau qui s'étire sur 32 km depuis les pentes nord-ouest des Pentland Hills pour se jeter dans l'estuaire du Forth à Leith. Elle forme une sorte de coulée verte en pleine ville, offrant un habitat à de nombreux animaux (on peut même observer à l'occasion des loutres et des martins-pêcheurs) et de jolies possibilités de balade le long de ses rives boisées, à seulement 500 m de Princes Street. Le Water of Leith Walkway, un itinéraire pédestre et cyclable presque ininterrompu de 20 km le long de la rivière, va de Leith au village de Balerno, à la lisière sud-ouest d'Édimbourg, en passant par Stockbridge et Dean Village.

Pantry

CAFÉ £

5 PLAN P. 138, D5

Pas de brunch ordinaire dans cet établissement qui sert le meilleur petit-déjeuner du quartier, mais un "*Stockbridge brunch*" avec saucisses de porc, boudin noir de Stornoway et œufs de poules élevées en plein air. (www.thepantryedinburgh.co.uk ; 1 NW Circus Pl ; plats 8-12 £ ; 9h-16h ; ; 24, 29, 42)

Nok's Kitchen

THAÏLANDAIS ££

6 PLAN P. 138, C5

Ce restaurant sert des plats thaïlandais joliment présentés, dans l'atmosphère romantique d'une maison du XVIIe siècle décorée à la thaïlandaise de peintures, sculptures et gravures sur bois. Déjeuner de 2 plats pour 10,95 £. (0131-225 4804 ; www.nokskitchen.co.uk ; 8 Gloucester St, EH3 6EG ; plats 11-19 £ ; 12h-14h30 et 17h30-22h ; 24, 29, 42)

Bell's Diner

BURGERS £

7 PLAN P. 138, D4

Bien faire des choses simples : voilà l'essentiel ! Or le Bell's confectionne à la perfection les burgers depuis 1972. Que vous aimiez les classiques au bœuf ou à l'agneau ou préfériez les variantes au poulet ou végétariennes, vous vous régalerez. (0131-225 8116 ; www.bellsdineredinburgh.co.uk ; 7 St Stephen St ; plats 5-10 £ ; 17h-22h30 mar-ven, 12h30-22h30 sam, 17h-21h dim ; ; 24, 29, 42)

Merienda

MÉDITERRANÉEN ££

8 PLAN P. 138, D5

Le Merienda ("en-cas" en espagnol) revisite façon tapas des plats méditerranéens (serrano et *manchego*, houmous au citron et à la coriandre) et des produits écossais de saison (truite fumée et sorbet au Bloody Mary et au concombre, agneau écossais rôti accompagné de tzatziki...). Les desserts, comme le crumble aux prunes et aux mûres à la crème anglaise, sont aussi proposés sous forme de petites portions. Alléchant plateau de fromages écossais. (0131-220 2020 ; www.eat-merienda.com ; 30 NW Circus Pl ; petites assiettes 4-11 £ ; 12h-14h et 18h-22h mer-dim ; 24, 29, 42)

Pizza Express

PIZZERIA £

9 PLAN P. 138, C4

Dans une ancienne banque dominée par une tour de style *Scottish baronial* (néogothique), cette pizzeria de chaîne a du style ! Ses deux étages au décor chic donnent sur la Water of Leith et la véranda en bois a vue sur la rive. Les pizzas sont savoureuses – excellente Veneziana (oignons, câpres, olives, pignons, raisins secs) ; options végétariennes. (0131-332 7229 ; www.pizzaexpress.com/edinburgh-deanhaugh-street ; 1 Deanhaugh St ; plats 8-12 £ ; 11h30-22h ; ; 24, 29, 36, 42)

Prendre un verre

The Last Word Saloon

BAR À COCKTAILS

10 PLAN P. 138, D4

Un bar en sous-sol sans prétention, cosy, peu éclairé et un brin grunge, avec une longue liste de cocktails remarquables, dont le très élaboré Lear's Lyric (gin, pisco, manzanilla, feuille

St Bernard's Well (p. 139)

PAMK4/SHUTTERSTOCK ©

d'avocat, citron, sirop de pois mange-tout et amer au céleri) et une petite carte intéressante de whiskies, parfaite pour s'initier aux single malts. (0131-225 9009 ; www.lastwordsaloon.com ; 44 St Stephen St, EH3 5AL ; 16h-1h ; 24, 29, 42)

Kay's Bar

PUB

11 PLAN P. 138, D5

Dans les locaux victoriens d'un négociant en vins, ce minuscule bar est un paradis douillet, avec un feu de charbon et une belle sélection de *real ales*. De bons plats sont servis au déjeuner dans l'arrière-salle. Pensez à réserver – le Kay's est une adresse populaire. (0131-225 1858 ; www.kaysbar.co.uk ; 39 Jamaica St, EH3 6HF ; 11h-0h lun-jeu, 11h-1h ven-sam, 12h30-23h dim ; ; 24, 29, 42)

Stockbridge Tap

PUB

12 PLAN P. 138, C4

Ce bar confortable ressemble davantage à un *lounge* (avec ses sofas à l'arrière) qu'à un pub classique. Mais il suffit de voir le bar, avec ses 7 bières traditionnelles (trois maison et quatre "invitées"), pour comprendre que la *real ale* est bel et bien à l'honneur. Bon choix de gins artisanaux également. (0131-343 3000 ; www.facebook.com/thestockbridgetap ; 2 Raeburn Pl ; 12h-0h lun-jeu, 12h-1h ven-sam, 12h30-0h dim ; ; 24, 29, 36, 42)

Stockbridge Tap

EDINBURGHCITYMOM/SHUTTERSTOCK ©

Artisan Roast

CAFÉ

13 PLAN P. 138, A3

En matière de café, Édimbourg joue dans la cour des grands. Et ce, en grande partie grâce à Artisan Roast, qui possède 3 adresses dans la ville, ainsi qu'un "labo dégustation" à Canonmills et une brûlerie à Peffermill. Ici, on ne badine pas avec le café, pour le plus grand plaisir des amateurs, qui apprécient les arômes puissants. Les croque-monsieur sont excellents aussi ! (www.artisanroast.co.uk/stockbridge-cafe ; 100a Raeburn Pl, EH4 1HH ; 9h30-16h ; ; 24, 29, 42)

Antiquary

PUB

14 PLAN P. 138, D4

Ce pub sombre en sous-sol établi de longue date, avec du plancher brut et des tables et chaises en bois foncé, est un véritable repaire d'amateurs de bières. Musique folk live le jeudi à partir de 20h30 ; soirées quiz le mercredi. (0131-225 2858 ; theantiquarybar.co.uk ; 72-78 St Stephen St ; 16h-23h lun, 16h-0h mar, 12h-0h mer, 12h-1h jeu-ven, 11h-1h sam, 11h-0h dim ; 24, 29, 42)

Bailie Bar

PUB

15 PLAN P. 138, D5

Aménagé en sous-sol, le Bailie fait figure de "pilier" de Stockbridge : il possède une salle sympathique à l'éclairage tamisé, avec un grand bar circulaire, un feu de cheminée en hiver et des écrans pour les retransmissions de matchs de football. Le café est bon ; également : *real ale* et whiskies pur malt. (0131-225 4673 ; www.thebailiebar.com ; 2 St Stephen St ; 11h-0h lun-jeu, 11h-1h ven-sam, 12h30-0h dim ; 24, 29, 42)

Shopping

Golden Hare Books

LIBRAIRIE

16 PLAN P. 138, D4

Cette charmante librairie a été élue "librairie indépendante britannique de l'année" en 2019 ! Outre une formidable sélection de livres, on y trouve un coin délicieux destiné aux enfants. Quelques événements sont (très bien) organisés. Un lieu incontournable si vous aimez la lecture, les beaux livres et les boutiques élégantes. (0131-629 1396 ; www.goldenharebooks.com ; 68 St Stephen St ; 10h-18h ; 24, 29, 36, 42)

Stockbridge Market

MARCHÉ

17 PLAN P. 138, C4

Le dimanche, les habitants de Stockbridge se rassemble pour ce marché sur une place arborée, à côté du pont qui donne son nom au quartier. On y trouve des produits frais écossais, des céramiques, des bijoux, des savons et cosmétiques artisanaux... Envie d'un expresso ? Direction Steampunk Coffee, dans un Combi Volkswagen des années 1970. (www.stockbridgemarket.com ; angle Kerr St et Saunders St ; 10h-17h dim ; 24, 29, 36, 42)

Boutiques de Stockbridge

Stockbridge est l'endroit rêvé pour acheter des cadeaux, de l'artisanat et des bijoux. Les principaux secteurs commerçants sont Raeburn Place, Henderson Row ainsi que St Stephen Street, bordée de boutiques de bijoux, de mode vintage, de mobilier rétro...

Ginger & Pickles — LIBRAIRIE

18 PLAN P. 138, D4

St Stephen Street ne compte pas une, mais deux librairies indépendantes, situées sur les trottoirs opposés d'une même rue. Celle-ci est spécialisée dans la littérature jeunesse, des livres pour les tout-petits aux romans pour jeunes adultes. (www.gingerandpicklesbookshop.com ; 51 St Stephen St, EH3 5AH ; 9h-18h lun-mar, 9h-13h mer, 9h-19h jeu-sam, 10h-17h dim ; 24, 29, 36, 42)

Miss Bizio — VINTAGE

19 PLAN P. 138, D4

La fondatrice de cette boutique collectionne des articles vintage depuis plus de 30 ans. Ses vêtements et accessoires haut de gamme, datant de l'époque victorienne aux années 1970, sont un régal pour les yeux. Tarifs en conséquence. (07775 583675 ; www.facebook.com/missbizio ; 41 St Stephen St ; 11h-18h lun-mar et jeu-sam ; 24, 29, 36, 42)

Sheila Fleet — BIJOUX

20 PLAN P. 138, D4

Cette galerie sert de vitrine aux créations de Sheila Fleet, basée dans les Orcades, dont elle est originaire et dont les paysages inspirent les couleurs et les textures de ses bijoux en or, argent et platine. (0131-225 5939 ; www.sheilafleet.com ; 18 St Stephen St, EH3 5AL ; 10h-17h30 lun-sam ; 24, 29, 36, 42)

Dick's — MODE ET ACCESSOIRES

21 PLAN P. 138, D5

Vêtements pour homme et femme, accessoires et articles pour la maison issus de fabricants indépendants. (0131-226 6220 ; www.dicks-edinburgh.co.uk ; 3 NW Circus Pl, EH3 6ST ; 11h-18h lun-sam, 12h-17h dim ; 24, 29, 42)

I. J. Mellis — ALIMENTATION ET BOISSONS

22 PLAN P. 138, C4

Cette succursale d'une célèbre **fromagerie** (0131-226 6215 ; 30a Victoria St ; 9h30-19h lun-sam, 11h-18h dim ; 2, 23, 27, 41, 42) d'Old Town vend des fromages écossais traditionnels, notamment du crémeux Hebridean Blue et du cheddar Loch Arthur, doux et au goût de noisette. Accès par Kerr Street. (0131-225 6566 ; www.mellischeese.co.uk ; 6 Bakers Pl, Kerr St ; 9h-19h lun-ven, 8h30-18h sam, 10h-17h30 dim ; 24, 29, 42)

WILL SALTER/LONELY PLANET ©

Chez Annie Smith

Annie Smith

BIJOUTERIE

23 PLAN P. 138, B4

Dans l'atelier d'Annie Smith, situé dans l'arrière-boutique, naissent de beaux bijoux contemporains et originaux en argent et en or 18 carats, dont les surfaces martelées et ouvragées imitent certains éléments naturels (roche, glace et feuilles). Si vous ne trouvez rien à votre goût, vous pouvez aussi vous faire fabriquer un bijou sur mesure. (0131-332 5749 ; www.anniesmith.co.uk ; 12 Raeburn Pl ; 10h-17h30 lun-sam, 12h-17h dim ; 24, 29, 42)

Galerie Mirages

BIJOUTERIE

24 PLAN P. 138, B4

Véritable caverne d'Ali Baba garnie d'objets artisanaux en provenance du monde entier, cette enseigne est surtout connue pour ses bijoux (argent, ambre ou pierres précieuses), de style traditionnel ou contemporain. (0131-315 2603 ; www.galeriemirages.com ; 46a Raeburn Pl ; 10h-17h30 lun-sam, 12h-16h30 dim ; 24, 29, 42)

Adam Pottery

CÉRAMIQUE

25 PLAN P. 138, D3

Ce petit atelier indépendant fabrique ses propres céramiques colorées et vernissées, décoratives et fonctionnelles, aux styles très variés. Cela va des tasses à café aux pots de fleurs. Il est possible de visiter l'atelier et de voir les potiers à l'œuvre. (0131-557 3978 ; www.adampottery.co.uk ; 76 Henderson Row ; 11h-17h mer-sam ; 36)

Explorer

Leith

Leith est le port maritime d'Édimbourg depuis le XIVe siècle. Le quartier, qui connut une période de déclin au sortir de la Seconde Guerre mondiale, est aujourd'hui en plein renouveau. Ses vieux entrepôts ont été convertis en ensembles d'appartements de luxe, tandis que des bars et restaurants branchés ont investi le front de mer qui débouche sur l'Ocean Terminal, un vaste complexe commercial et de loisirs, et l'ancien Royal Yacht Britannia.

Notre sélection

- ***Royal Yacht* Britannia *(p. 148)***. *L'ancien palais flottant de la reine pour ses vacances à l'étranger.*
- ***The Shore (p. 151)***. *Les bords de la Water of Leith offrent un joli choix d'adresses pour déjeuner.*
- ***Tournée des pubs (p. 155)***. *Les établissements historiques ne manquent pas dans le secteur.*
- ***Kinloch Anderson (p. 158)***. *Le meilleur fabricant de kilts et de tartans de la ville !*
- ***Leith Links (p. 151)***. *C'est ici que les règles du golf furent officialisées en 1744.*

Comment y aller et circuler

Leith est bien desservi. Les bus Lothian nos 16 et 22 au départ de Princes Street circulent dans Leith Walk jusqu'au carrefour de Constitution Street et Great Junction Street. De là, le n°16 va à Newhaven à l'ouest et le n°22 jusqu'à The Shore et l'Ocean Terminal au nord. Le n°36 relie West End à Leith via Stockbridge et le n°200, l'aéroport à Ocean Terminal.

Plan du quartier p. 150

Front de mer de Leith RICHIE CHAN/SHUTTERSTOCK ©

Les incontournables

Royal Yacht Britannia

Sorti des chantiers navals de la Clyde, à Glasgow, ce bateau accompagna les vacances de la famille royale à l'étranger, de 1953, année de son lancement, à son désarmement en 1997. La visite du vaisseau, désormais ancré de façon permanente à l'Ocean Terminal, offre un aperçu des goûts personnels de la reine pour une décoration plutôt sobre.

PLAN P. 150, B2

www.royalyachtbritannia.co.uk

Ocean Terminal, EH6 6JJ

Tarif plein/enfant avec audioguide 17/8,75 £

9h30-18h avr-sept, 9h30-17h30 oct, 10h-17h nov-mars, dernière entrée 1 heure 30 avant fermeture

11, 22, 34, 36, 200

Salons d'apparat

Lorsque la reine était en voyage… 45 personnes de sa suite l'accompagnaient, sans compter les 5 tonnes de bagages et la Rolls-Royce qui avait son garage sur le pont. Dans le **salon d'apparat**, où étaient organisées les réceptions royales, les canapés en chintz solidement arrimés au sol et un imposant piano ont été conservés.

Chambres royales

Les cabines privées de la reine et du prince Philip sont petites et sans prétention, avec des lits simples ordinaires (le seul lit double à bord est celui de la suite nuptiale, qui accueillit le prince Charles et la princesse Diana en 1981). Le thermomètre dans la salle de bains de la reine servait à s'assurer de la bonne température de l'eau.

Ponts

Les ponts (en teck birman) étaient nettoyés tous les jours. Le travail aux abords du logement royal devait s'effectuer dans un silence total et être terminé à 8h. Lorsque le navire était à quai, un marin était chargé de s'assurer que l'angle de la passerelle ne dépassait jamais 12 degrés. Remarquez le pare-vent en acajou sur le pont en face de la passerelle : il était destiné à empêcher qu'une brise inopportune ne soulève les jupes de ces dames !

Bloodhound

Le *Britannia* fut rejoint en 2010 par le *Bloodhound*, un yacht de course des années 1930 qui appartint à la reine dans les années 1960. Il est amarré avec le *Britannia* (sauf en juillet-août, quand il est utilisé pour des croisières), dans le cadre d'une exposition consacrée à la passion royale pour le nautisme.

★ À savoir

- Vous pourrez visiter le yacht à votre rythme, avec un audioguide. Comptez au moins 2 heures pour tout voir.
- Les bus Majestic Tour (p. 151) circulent entre le Waverley Bridge et le *Britannia* durant les heures d'ouverture de ce dernier.
- Le Royal Edinburgh Ticket (edinburghtour.com/product/royal-edinburgh-ticket) donne accès au *Britannia*, au château d'Édimbourg, au palais de Holyroodhouse et aux bus de la compagnie pendant 2 jours.

Une petite pause ?

Le solarium du *Britannia* accueille désormais le **Royal Deck Tea Room** (royalyachtbritannia.co.uk ; Ocean Terminal ; plats 6-14 £ ; 10h-16h45 avr-sept, 10h-16h30 oct, 10h30-16h nov-mars ; 11, 22, 34, 36, 200), avec vue sur l'estuaire du Forth et les collines du Fife.

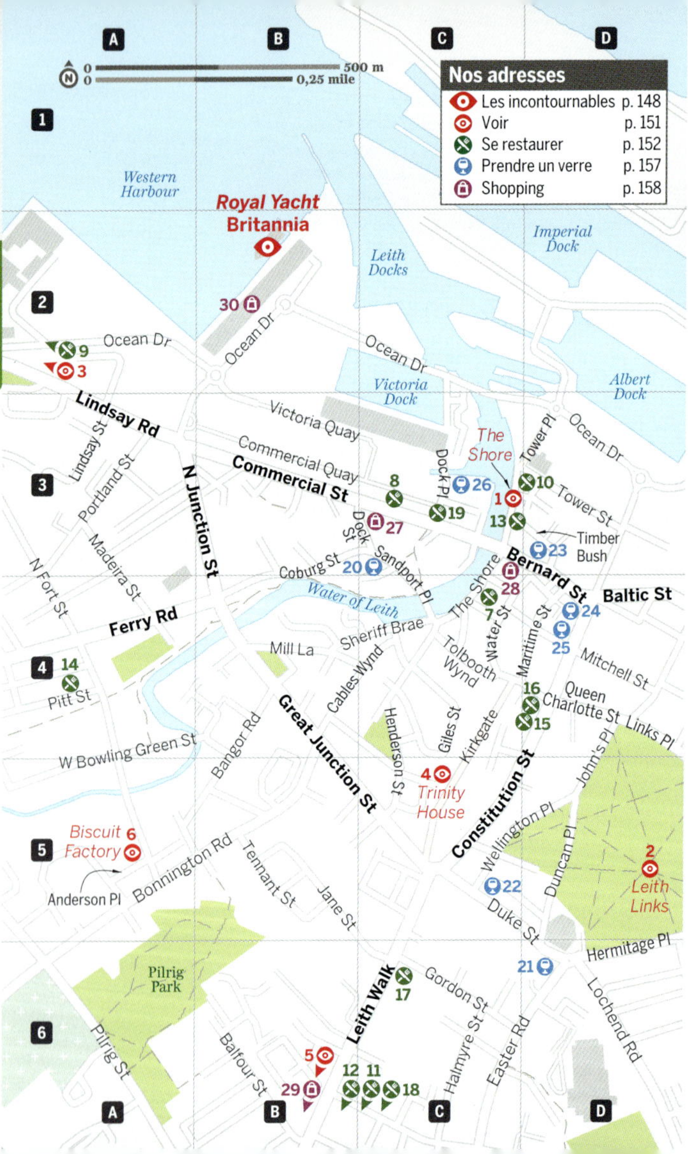
A
B
C
D
1
2
3
4
5
6
0 500 m
0 0,25 mile
Nos adresses
Les incontournables p. 148
Voir p. 151
Se restaurer p. 152
Prendre un verre p. 157
Shopping p. 158
Western Harbour
Royal Yacht Britannia
Leith Docks
Imperial Dock
Victoria Dock
Albert Dock
The Shore
Water of Leith
Ocean Dr
Lindsay Rd
Lindsay St
Portland St
Madeira St
N Fort St
N Junction St
Victoria Quay
Commercial Quay
Commercial St
Dock Pl
Dock St
Coburg St
Sandport Pl
Tower Pl
Tower St
Timber Bush
Bernard St
Baltic St
Ferry Rd
Pitt St
Mill La
Sheriff Brae
Cables Wynd
Tolbooth Wynd
Water St
Maritime St
Mitchell St
Queen Charlotte St
Links Pl
John's Pl
W Bowling Green St
Bangor Rd
Great Junction St
Henderson St
Giles St
Kirkgate
Trinity House
Constitution St
Wellington Pl
Duncan Pl
Leith Links
Biscuit Factory
Anderson Pl
Bonnington Rd
Tennant St
Jane St
Duke St
Hermitage Pl
Pilrig Park
Pilrig St
Balfour St
Leith Walk
Gordon St
Halmyre St
Easter Rd
Lochend Rd
1
2
3
4
5
6
7
8
9
10
11
12
13
14
15
16
17
18
19
20
21
22
23
24
25
26
27
28
29
30

Voir

The Shore

RUE, BORDS DE RIVIÈRE

1 PLAN P. 150, C3

Le coin le plus charmant de Leith est cette rue pavée qui longe la Water of Leith et est bordée de pubs et de restaurants. Avant la construction des docks au XIXe siècle, c'était le quai d'origine de Leith. Une plaque métallique en face du n°30 marque l'emplacement où le roi George IV (premier monarque britannique en exercice à visiter l'Écosse depuis Charles II en 1650) mit pied à terre en 1822. (16, 22, 36)

Leith Links

PARC

2 PLAN P. 150, D5

Ce parc public est surtout connu pour être le berceau du golf moderne. En effet, si le plus vieux parcours de golf du monde se trouve à St Andrews, c'est à Leith Links que les règles officielles du jeu furent élaborées en 1744, par l'Honourable Company of Edinburgh Golfers. Sur un cairn près de Duncan Place, dans la partie ouest du parc, une plaque décrit comment le jeu se jouait à l'origine avec cinq trous espacés de 360 m. (1, 21, 25, 42)

Edinburgh Sculpture Workshop

CENTRE D'ART

3 PLAN P. 150, A2

Ce bâtiment ultramoderne, érigé sur une ancienne voie d'évitement, est le premier centre du Royaume-Uni spécialement dévolu à la sculpture. Des expositions, rencontres et cours y sont régulièrement organisés. Possibilité de déjeuner à l'excellent café sur place, géré par Edinburgh's Milk ; et de flâner le long du Hawthornvale Path, relié au sentier Water of Leith Walkway (un itinéraire pédestre et cyclable presque ininterrompu de 20 km le long de la rivière, entre Leith et le village de Balerno). (0131-551 4490 ; edinburghsculpture.org ; 21 Hawthornvale ; gratuit ; 9h30-17h lun-sam ; P ; 7, 11)

Majestic Tour

Des **bus touristiques** (www.edinburghtour.com/majestic-tour ; St Andrew Sq ; tarif plein/enfant 16 £/gratuit ; tlj tte l'année sauf le 25 déc) avec descente et montée à volonté partent toutes les 15 à 20 minutes du nord de St Andrew Square pour rejoindre le *Britannia*, à l'Ocean Terminal, en passant par New Town, le Royal Botanic Garden et Newhaven. Retour par Leith Walk, Holyrood et le Royal Mile.

Trinity House

MUSÉE

4 PLAN P. 150, C5

Cet édifice néoclassique de 1816 fut le siège de l'Incorporation of Masters and Mariners (équivalent maritime de la guilde des marchands) fondée en 1380. Il renferme des trésors : maquettes de vieux bateaux, instruments de navigation et objets liés à l'histoire

Produits de la mer à Newhaven

Juste à l'ouest de Leith, Newhaven est un ancien village de pêcheurs. Les femmes se chargeaient jadis de vendre dans les rues de New Town le "*caller herrin*" (hareng frais), qu'elles portaient sur leur dos dans des nasses en osier. L'urbanisation a eu raison de l'ambiance villageoise, et des immeubles d'appartements modernes côtoient désormais les vieux cottages et les rangées de maisons mitoyennes. À côté du petit port, le marché aux poissons d'autrefois abrite aujourd'hui le restaurant Fishmarket (page ci-contre). L'ancienne église, de l'autre côté de la route, a été reconvertie en salle d'escalade.

maritime de Leith. Les visites, sur réservation uniquement, sont guidées. (0131-554 3289 ; www.trinityhouseleith.org.uk ; 99 Kirkgate ; gratuit ; 9h30-16h30 lun-ven ; tout bus vers Leith Walk)

Out of the Blue Drill Hall

CENTRE CULTUREL

5 PLAN P. 150, B6

Ce centre culturel polyvalent, où les familles sont les bienvenues, occupe un superbe bâtiment de 1901 qui était à l'origine destiné aux manœuvres militaires. Il accueille divers événements, des expositions, des cours, des ciné-clubs, un marché aux puces mensuel populaire (Out of the Blue, p. 159) et des soirées de ping-pong. Il mérite aussi une visite pour son café, où est servie une cuisine maison simple, dans un cadre bohème et convivial. (0131-555 7100 ; www.outoftheblue.org.uk ; 36 Dalmeny St ; 10h-17h lun-sam ; tout bus vers Leith Walk)

The Biscuit Factory

CENTRE CULTUREL

6 PLAN P. 150, A5

Dans une ancienne biscuiterie qui abrite aussi la deuxième distillerie d'Edinburgh Gin, ce centre accueille notamment des marchés alimentaires et parfois des soirées club. Il est prévu d'y créer à terme 20 ateliers dévolus à l'art et à la mode répartis sur deux niveaux, un café-bar et un jardin sur le toit. (0131-629 0809 ; www.facebook.com/biscuitfactoryedin ; 4-6 Anderson Pl ; 11, 36)

Se restaurer

Restaurant Martin Wishart

FRANÇAIS £££

7 PLAN P. 150, C4

Voici le premier restaurant d'Édimbourg à avoir obtenu une étoile au Michelin, en 2001 – il l'a conservée depuis. Le chef, Martin Wishart, qui a travaillé par le passé avec Albert Roux, Marco Pierre White et Nick Nairn, allie dans ses plats la modernité française et les meilleurs produits écossais. Au programme, par exemple : foie

LEONID ANDRONOV/SHUTTERSTOCK ©

Port de Newhaven

gras sauté, langoustines au fenouil braisé et menu végétarien de 6 plats (80 £). (0131-553 3557 ; www.restaurantmartinwishart.co.uk ; 54 The Shore ; menu déj 3 plats 39 £, menu dîner 4 plats 75 £ ; 12h-13h30 et 18h30-22h mer-sam ; ; 16, 22, 35, 36)

The Kitchin

ÉCOSSAIS **£££**

8 PLAN P. 150, C3

Ce restaurant, également récompensé par une étoile au Michelin, affiche une élégance sans prétention, et fait la part belle aux produits frais et locaux. Sa carte varie, bien entendu, au gré des saisons : salades en été, gibier en hiver, saint-jacques des Orcades cuites dans la coquille avec vin blanc, vermouth et herbes quand il y a un "r" dans le nom du mois... (0131-555 1755 ; www.thekitchin.com ; 78 Commercial Quay ; menu midi/soir 3 plats 39/90 £ ; 12h-14h30 et 18h-22h mar-sam ; ; 16, 22, 35, 36)

Fishmarket

FISH AND CHIPS **££**

9 PLAN P. 150, A2

Comme il fallait s'y attendre de la part de l'équipe qui tient aussi l'Ondine (p. 63), ce restaurant du port sert d'excellents *fish and chips* : haddock en provenance du port de Peterhead, mais aussi sole en goujons, lotte panée, langoustines grillées, homard grillé au beurre d'ail (30 £)...

Vous pourrez également vous offrir un plateau de fruits de mer pour deux (50 £), des huîtres... (0131-552 8262 ; www.thefishmarketnewhaven.co.uk ; 23A Pier Pl, Newhaven ; plats 14-22 £ ; 11h-22h ; ; 11, 16, 200)

EDINBURGHCITYMOM/SHUTTERSTOCK ©

Restaurant Martin Wishart (p. 152)

Fishers Bistro PRODUITS DE LA MER ££

10 PLAN P. 150, D3

Cette adresse intimiste nichée au pied d'un phare du XVIIe siècle est l'un des meilleurs restaurants de poisson et fruits de mer de la ville. La gamme de prix est large, des classiques croquettes de poisson avec mayonnaise citron-ciboulette au homard entier du Fife au beurre d'ail servi avec des frites (45 £). (0131-554 5666 ; www.fishersrestaurants.co.uk/fishers-leith/ ; 1 The Shore ; plats 12-26 £ ; 12h-tard lun-sam, 12h30-tard dim ; ; 16, 22, 35, 36)

Little Chartroom ÉCOSSAIS £££

11 PLAN P. 150, C6

Ce petit restaurant très réputé ne compte que quelques tables et quatre tabourets près du bar, d'où l'on peut observer le travail en cuisine. La petite carte de plats élégants et complexes se résume à trois entrées, trois plats et trois desserts. La lotte rôtie avec bacon, saint-jacques, chou pommé et girolles figure parmi les spécialités du lieu. (0131-556 6600 ; www.thelittlechartroom.com ; 30 Albert Pl ; plats 20-30 £ ; 17h-22h jeu-ven, 12h-16h et 17h-22h sam, 12h-16h30 et 18h-22h dim ; tout bus vers Leith Walk)

Twelve Triangles BOULANGERIE £

12 PLAN P. 150, B6

Une boulangerie modeste par sa taille et son emplacement (dans une rue discrète près de

Leith Walk), exceptionnelle par sa qualité. Les pains, viennoiseries et cafés artisanaux qui sortent de ce fournil futé figurent parmi les meilleurs de la ville. Quant aux garnitures de ses beignets – chocolat et beurre d'arachide, crème de pistache, ricotta et pamplemousse rose... – : elles sont, tout simplement, légendaires ! (☎0131-629 4664 ; www.twelvetriangles.co.uk ; 90 Brunswick St ; plats 2-3 £ ; 8h30-14h, ou quand tout est vendu ; tout bus vers Leith Walk)

The Shore

PRODUITS DE LA MER **££**

13 PLAN P. 150, C3

Boiseries, vieilles photos et objets marins, cheminée et fleurs fraîches pour la touche de romantisme : voici pour le cadre de ce restaurant à l'atmosphère tranquille. Le menu, renouvelé régulièrement, fait la part belle aux fruits de mer, bœuf, agneau et gibier écossais. (☎0131-553 5080 ; www.fishersrestaurants.co.uk ; 3-4 The Shore ; plats 15-22 £ ; 12h-tard lun-sam, 12h30-tard dim ; ; 16, 22, 36)

The Pitt

MARCHÉ **£**

14 PLAN P. 150, A4

Au milieu d'entrepôts industriels, ce marché hebdomadaire de cuisine de rue apporte un peu d'East London dans le nord d'Édimbourg. Les *food trucks* changent régulièrement et on y trouve aussi bien du poulet frit au babeurre, des *bao* (pains vapeur) au *halloumi* (fromage) et du haggis que des pirojki à la patate douce. Pour apaiser votre soif, dirigez-vous vers les bars à vins et à gins, ou rejoignez le Barney's, un *beer truck* spécialisé dans les ales artisanales et locales. (☎07534 157477 ; www.thepitt.co.uk ; 125 Pitt St ; entrée 2 £ ; 12h-18h sam-dim mars-déc ; 7, 14, 21)

Bière et bonne chère à Leith

Le quartier de Leith est réputé pour ses excellents restaurants, dont le Martin Wishart (p. 152) et le Kitchin (p. 153), tous deux étoilés au Michelin, ainsi que pour ses nombreux bons bistrots et pubs à petits prix, qui possèdent souvent des tables extérieures donnant sur la rivière pour l'été.

À côté des pubs historiques comme Carriers Quarters (p. 158) et Port O'Leith (p. 158), qui illustrent la longue histoire de ce quartier maritime, de nouveaux bars se sont installés dans des bâtiments anciens ; c'est le cas du Teuchters Landing (p. 158). Les bars modernes ne manquent pas non plus, comme le Roseleaf (p. 157), qui attire les occupants d'immeubles d'appartements et de bureaux récemment construits.

Chop House Leith

STEAKS £££

15 PLAN P. 150, D4

Version moderne du grill à l'ancienne, ce "bar-boucherie" sert dans un décor élégant (les carreaux de brique sont un clin d'œil aux boucheries traditionnelles) le meilleur bœuf écossais, maturé à sec pendant au moins 35 jours et grillé au feu de bois à la perfection (un chateaubriand pour deux coûte 80 £). À accompagner par exemple de jus à la moelle ou de *chimichurri* argentin. Sympathiques cocktails également. (0131-629 1919 ; www.chophousesteak.co.uk ; 102 Constitution St ; plats 17-30 £ ; 12h-15h et 17h-22h30 lun-ven, 12h-22h30 sam-dim ; ; 16, 22, 35, 36)

Hideout Cafe

CAFÉ £

16 PLAN P. 150, D4

À un pâté de maisons du parc de Leith Links (p. 151), ce café douillet sert un délicieux café (en pratiquant avec beaucoup de brio l'art du *latte* !) et des petits-déjeuners variés – du yaourt au granola et aux baies, au pain au levain garni de saumon fumé et d'œufs pochés. (0131-555 5289 ; www.thehideoutcafe.co.uk ; 40-42 Queen Charlotte St ; plats 6-10 £ ; 8h30-17h lun-ven, 9h-17h sam-dim ; ; 16, 22, 36)

Bross Bagels

BAGELS £

17 PLAN P. 150, C6

Le Bross Bagels est né de la volonté d'une Canadienne de faire connaître les bagels de Montréal à Édimbourg ! Denses et mœlleux, ils sont confectionnés dans une boulangerie de Leith, puis garnis de pastrami, de Monterey Jack fondu et de pickles comme à New York, ou de dinde et de *coleslaw* montréalais, le tout agrémenté d'une sauce de "Mama Bross". (0131-629 4560 ; www.brossbagels.com ; 105 Leith Walk ; bagels 6-7 £ ; 11h-15h lun-jeu, 10h-16h ven-dim ; ; tout bus vers Leith Walk)

Stack Dim Sum Bar

CHINOIS £

18 PLAN P. 150, C6

Ce petit bar sans chichis, un peu à l'écart de Leith Walk, sert une authentique cuisine chinoise. Au menu, d'excellents *dim sum*, des raviolis parfumés, fondants ou croustillants, et des brioches au porc légères à souhait (nems également). Une bonne cuisine à prix modiques. (0131-553 7330 ; 42 Dalmeny St ; plats 5-9 £ ; 12h-21h30 lun, mar, jeu et ven, 12h-15h et 18h-21h30 sam-dim ; tout bus vers Leith Walk)

Leith Farmers Market

MARCHÉ £

19 PLAN P. 150, C3

Tous les samedis, ce petit marché animé prisé par les habitants du quartier investit Dock Place. On y trouve aussi bien des biscuits pour chiens... que des fromages italiens ou français ! Les différents traiteurs viennent par roulement, mais ne manquez pas le café artisanal de Bearded Barista et les croissants frais d'Au Gourmand,

Balades à Cramond

L'ancien village de meuniers de Cramond possède une église du XVIIe siècle et une maison forte du XVe siècle, ainsi que quelques vestiges romains sans grand intérêt. On vient surtout y flâner en bord de mer ou se promener le long de la rivière Almond jusqu'aux moulins en ruine. Parmi les cottages blancs du port, à l'embouchure de l'Almond, le **Maltings** (cramondheritage.org.uk/ ; 14h-17h sam-dim avr-sept) abrite une exposition intéressante sur l'histoire de Cramond. Bateaux amarrés dans le port, cygnes majestueux, maisons blanches accrochées à la colline : c'est le coin le plus pittoresque d'Édimbourg.

qui sont toujours présents. (www.facebook.com/LeithMarketDockPlace ; Dock Pl ; 10h-16h sam)

Prendre un verre

Roseleaf — BAR

20 PLAN P. 150, C3

Ce bar au charme suranné est à mille lieues des pubs typiques de Leith. Ici, les tapisseries sont fleuries et les cocktails, servis dans un service à thé en porcelaine à motifs de roses. Sur la carte, les *real ales* et les bières en bouteille côtoient divers thés, cafés et autres boissons maison (notamment de la limonade à la rose) et une nourriture de pub bien au-dessus de la moyenne (10h-22h). (0131-76 5268 ; www.roseleaf.co.uk ; 23-24 Sandport Pl ; 10h-22h ; ; 16, 22, 35, 36)

Nauticus — PUB

21 PLAN P. 150, D6

Ce bistrot traditionnel inspiré du passé maritime de Leith qui a conservé son cadre victorien est devenu terriblement tendance. Au programme : produits écossais artisanaux, longue carte de boissons et concerts de piano occasionnels. Les tabourets sont ici recouverts de Harris Tweed. (0131-629 9055 ; www.nauticusbar.co.uk ; 142 Duke St ; 15h-0h dim-jeu, 15h-13h ven-sam ; 1, 21, 25, 49)

The Lioness of Leith — BAR

22 PLAN P. 150, C5

Duke Street a longtemps été considérée comme l'une des rues les plus difficiles de Leith. L'apparition de pubs comme le Lioness témoigne d'une certaine évolution. Côté décor, autour des tables en bois patiné et des banquettes en cuir élimé, on trouve une collection disparate d'objets chinés, un flipper et un portrait pop art d'Allen Ginsberg. Côté boissons et restauration : de bons cocktails et bières, et d'alléchants burgers gastronomiques. (0131-629 0580 ; www.thelionessofleith.co.uk ;

21-25 Duke St ; 16h-1h lun-jeu, 12h-1h ven-dim ; ; 21, 34, 35)

Carriers Quarters
PUB

23 PLAN P. 150, D3

Ce pub dont les origines remontent au XVIIIe siècle a gardé un cachet historique : plafond bas en bois, murs en pierre et belle cheminée ancienne. Sur la carte : *real ales*, whiskies pur malt et classiques de pub écossais tels que tourtes, *stovies* (viande et pommes de terre) et haggis. (0131-554 4122 ; www.facebook.com/CarriersQ ; 42 Bernard St ; 12h-1h ; ; 16, 22, 36)

Nobles
PUB

24 PLAN P. 150, D4

Parmi les excellentes adresses de Leith, ce pub victorien magnifiquement restauré, avec vitraux d'origine, lambris de bois et déco marine évoquant l'histoire du vieux port, est sans doute le plus apprécié des gens du quartier. La nourriture est simple et bon marché, et le choix d'ales, excellent. (0131-629 7215 ; noblesbarleith.co.uk ; 44a Constitution St ; 10h-23h mar-mer et dim, 10h-0h jeu, 10h-1h ven-sam ; 16, 22, 36)

Port O'Leith
PUB

25 PLAN P. 150, D4

Ce bon vieux pub local, qui apparaît dans le film *Sunshine on Leith* (2013), de Dexter Fletcher, a été restauré dans le respect de son caractère d'origine. Les drapeaux et casquettes laissés par les marins de passage (les docks sont juste au bout de la rue) témoignent de son histoire maritime. Allez-y pour une pinte et vous pourriez bien n'en ressortir qu'à la fermeture ! (0131-554 3568 ; www.facebook.com/ThePortOLeithBar ; 58 Constitution St ; 11h-1h lun-sam, 12h-1h dim ; 16, 22, 35, 36)

Teuchters Landing
PUB

26 PLAN P. 150, C3

Joyeux dédale de coins et de recoins au sein d'un bâtiment en brique d'un seul étage (autrefois une salle d'attente pour les passagers des ferries qui traversaient l'estuaire du Forth), ce bar sert des bières en fût et des whiskies pur malt, et possède une terrasse flottante sur le quai. (0131-554 7427 ; www.teuchtersbar.co.uk ; 1c Dock Pl ; 10h30-1h ; ; 16, 22, 35, 36)

Shopping

Kinloch Anderson
MODE

27 PLAN P. 150, C3

Cette maison familiale fondée en 1868 est l'une des meilleures boutiques de tartans d'Édimbourg et rien de moins que le fournisseur de kilts et de costumes traditionnels des Highlands de la famille royale. (0131-555 1390 ; www.kinlochanderson.com ; 4 Dock St ; 9h-17h30 lun-sam ; 16, 22, 35, 36)

EDINBURGHCITYMOM/SHUTTERSTOCK ©

Ocean Terminal

Flux

ART ET ARTISANAT

28 PLAN P. 150, C3

Des œuvres contemporaines britanniques et étrangères – vitraux, ferronnerie, bijoux et céramiques –, toutes issues du commerce équitable et en grande partie faites en matériaux recyclés. (0131-554 4075 ; www.get2flux.co.uk ; 55 Bernard St ; 10h30-17h lun-sam, 11h-16h dim ; 16, 22, 36)

Out of the Blue

MARCHÉ

29 PLAN P. 150, B6

Un bon endroit pour chiner des vêtements et accessoires vintage, des livres anciens, des outils, des jouets et des vinyles rayés ! (www.edinburghfleamarket.blogspot.co.uk ; Drill Hall, 36 Dalmeny St ; 10h-15h dernier sam du mois ; ; tout bus vers Leith Walk)

Ocean Terminal

COMPLEXE COMMERCIAL

30 PLAN P. 150, B2

Le grand magasin de l'enseigne Debenhams abrite des boutiques de mode comme New Look, GAP, Schuh, Superdry et White Stuff. Le complexe donne également accès au Royal Yacht *Britannia* et au quai des bateaux de croisière. (0131-555 8888 ; www.oceanterminal.com ; Ocean Dr ; 10h-20h lun-ven, 10h-19h sam, 11h-18h dim ; ; 11, 22, 34, 36, 200)

Explorer

South Edinburgh

Cette paisible zone résidentielle, avec d'élégants immeubles victoriens et de spacieuses villas agrémentées de jardins, s'étend au sud d'Old Town. Elle englobe les quartiers de Tollcross, Bruntsfield, Marchmont et Sciennes, qui datent du XIXe siècle, et les secteurs huppés de Newington, Grange et Morningside. Les curiosités touristiques sont rares dans ce coin d'Édimbourg, qui est en revanche riche en bonnes tables, en pubs et en cafés.

Notre sélection

- ***Surgeons' Hall Museums (p. 164)***. *Une collection macabre et fascinante de spécimens médicaux, d'instruments de chirurgie et d'autres curiosités.*
- ***Summerhall (p. 164)***. *L'ancienne école vétérinaire de l'université d'Édimbourg, reconvertie en centre culturel et artistique.*
- ***The Meadows (p. 165)***. *Un ravissant parc arboré au sud d'Old Town.*
- ***Blackford Hill (p. 166)***. *Une colline escarpée, d'où se déploie un beau panorama.*
- ***Bennet's Bar (p. 169)***. *Un pub victorien classique, avec toute une gamme de whiskies single malt.*

Comment y aller et circuler

Vous devrez prendre le bus pour atteindre les parties les plus éloignées de cette vaste zone.

Les lignes nos 10, 11, 15, 16, 23, 27 et 36 relient Princes Street à Tollcross. Les nos 3, 5, 7, 8, 29, 31, 37, 47 et 49 vont de North Bridge à Newington.

Plan du quartier p. 162

Immeubles victoriens, Morningside DRIMAFILM/SHUTERSTOCK ©

A
B
C
D
1
2
3
4
5
6
Palmerston Pl
Melville St
William St
Shandwick Pl
West End
WEST END
W Maitland St
Canning St
W Approach Rd
Lothian Rd
King's Stables Rd
Castle Tce
Château d'Édimbourg
Spittal St
W Port
Haymarket
Haymarket Station
Morrison St
Morrison St
Bread St
Dalry Pl
Dalry Rd
Gardner's Cres
Loudon's Café & Bakery
Earl Grey St
Ponton St
Lauriston Pl
20
23
9
10
Orwell Pl
Caledonian Cres
W Approach Rd
FOUNTAINBRIDGE
Fountainbridge
TOLLCROSS
27
Home St
Brougham Pl
Lochrin Pl
Biketrax
Edinburgh Printmakers
3
Gilmore Park
29
26
Fountainpark
Leven St
17
19
Union Canal
Gilmore Pl
Glengyle Tce
24
Dundee St
Gillespie Cres
Bruntsfield Links
Leamington Tce
Viewforth
Granville Tce
Polwarth Cres
Morningside Rd
Warrender Park Tce
Whitehouse Loan
MERCHISTON
Warrender Park Rd
Montpelier Park
Merchiston Park
Merchiston Ave
Polwarth Gdns
Polwarth Tce
E Castle Rd
W Castle Rd
Merchiston Pl
Forbes Rd
Greenhill Gdns
Greenhill Tce
Whitehouse Loan
Napier Rd
Merchiston Cres
Morningside Rd
Chamberlain Rd
Napier University
GREENHILL
Spylaw Rd
Colinton Rd
Strathearn Pl
S Ettrick Rd
6
25
Church Hill
7

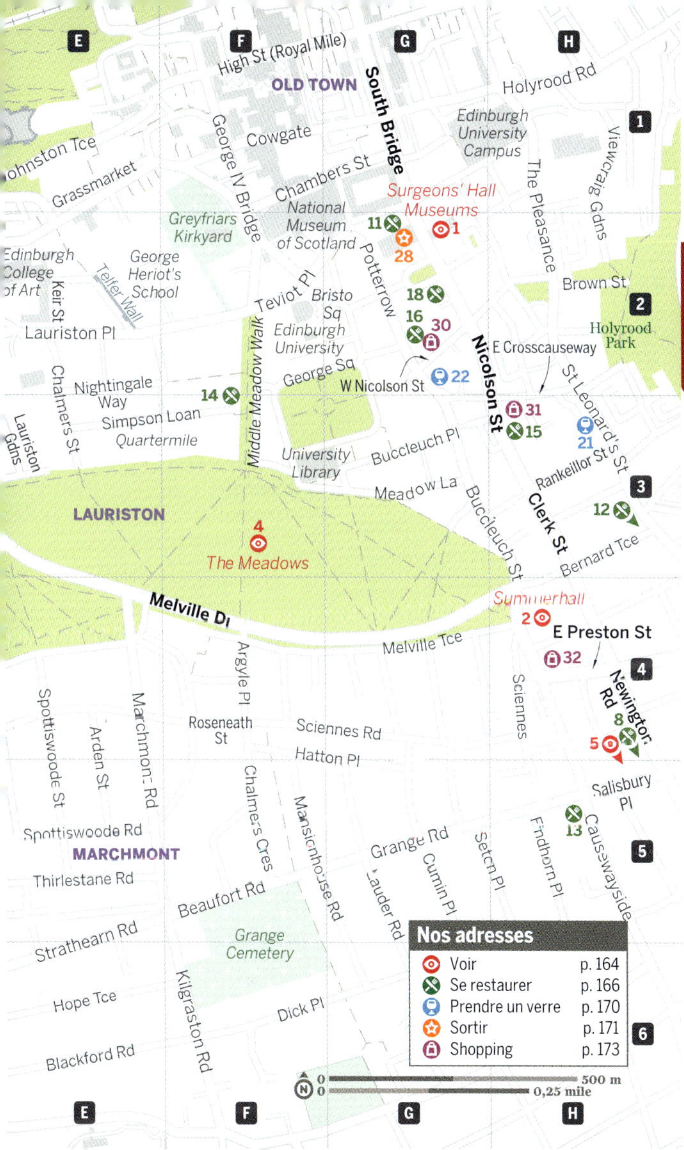

E
F
G
H
High St (Royal Mile)
OLD TOWN
South Bridge
Holyrood Rd
Edinburgh University Campus
Johnston Tce
Grassmarket
George IV Bridge
Cowgate
Chambers St
National Museum of Scotland
Surgeons' Hall Museums
The Pleasance
Viewcraig Gdns
Greyfriars Kirkyard
11
28
1
Edinburgh College of Art
George Heriot's School
Telfer Wall
Keir St
Lauriston Pl
Teviot Pl
Bristo Sq
Potterrow
18
16
30
Brown St
Holyrood Park
Edinburgh University
Nicolson St
E Crosscauseway
Middle Meadow Walk
George Sq
W Nicolson St
22
Chalmers St
Nightingale Way
14
Simpson Loan
Quartermile
Lauriston Gdns
31
15
St Leonard's St
21
University Library
Buccleuch Pl
Rankeillor St
Meadow La
LAURISTON
Clerk St
12
4
The Meadows
Buccleuch St
Bernard Tce
Melville Dr
Summerhall
2
E Preston St
Argyle Pl
Melville Tce
32
Sciennes
Newington Rd
Spottiswoode St
Arden St
Marchmont Rd
Roseneath St
Sciennes Rd
Hatton Pl
8
5
Salisbury Pl
Chalmers Cres
Mansionhouse Rd
13
Spottiswoode Rd
MARCHMONT
Grange Rd
Cumin Pl
Setcn Pl
Findhorn Pl
Causewayside
Thirlestane Rd
Lauder Rd
Beaufort Rd
Grange Cemetery
Strathearn Rd
Hope Tce
Kilgraston Rd
Dick Pl
Blackford Rd
Nos adresses
Voir p. 164
Se restaurer p. 166
Prendre un verre p. 170
Sortir p. 171
Shopping p. 173
N
0 500 m
0 0,25 mile
1
2
3
4
5
6

Voir

Surgeons' Hall Museums

MUSÉES

1 PLAN P. 162, G2

Abrité dans un majestueux temple ionique conçu par William Playfair en 1832, cet ensemble de trois musées fascinants avait à l'origine une vocation pédagogique.
Le **History of Surgery Museum** offre un aperçu de la chirurgie en Écosse, du XVe siècle à nos jours. Les parties consacrées aux meurtriers Burke et Hare (p. 61) et au docteur Joseph Bell, qui a inspiré le personnage de Sherlock Holmes, sont particulièrement intéressantes.

La **Dental Collection** voisine, sur l'histoire de la dentisterie, montre d'effroyables outils d'extraction dentaire. Le **Pathology Museum** présente, conservée dans le formol, une collection lugubre d'organes malades et de grosses tumeurs du XIXe siècle. (0131-527 1711 ; museum.rcsed.ac.uk ; Nicolson St ; tarif plein/enfant 8/4,50 £ ; 10h-17h ; tout bus vers South Bridge)

Summerhall

CENTRE D'ART

2 PLAN P. 162, H4

Ce centre où sont présentées plusieurs expositions permanentes accueille aussi des expositions temporaires d'art contemporain. Voir aussi p. 171. (0131-560 1580 ; www.summerhall.co.uk ; 1 Summerhall ; gratuit ; 11h-18h lun-ven, sam-dim 10h-19h ; 41, 42)

Edinburgh Printmakers

ATELIER ET GALERIE

3 PLAN P. 162, B3

Cet atelier de gravure fut fondé en 1967 pour donner accès à un espace de création et à du matériel à des professionnels et à des débutants. On peut y voir des graveurs à l'œuvre, et admirer les lithographies et sérigraphies

Gilmerton Cove

Les voûtes souterraines et les cimetières "hantés" d'Édimbourg sont devenus de grandes attractions touristiques, dans le cadre des *"ghost tours"*. En revanche, **Gilmerton Cove** (plan p. 162 ; 07914 829177 ; www.gilmertoncove.co.uk ; 16 Drum St, EH17 8QH ; tarif plein/enfant 7,50/4 £ ; visites guidées 11h-15h lun-ven, 12h-15h sam-dim avr-sept, 12h lun-ven, 12h-14h sam-dim oct-mars ; 3, 7, 18, 29), un ensemble de cavités creusées dans la roche dans la banlieue sud d'Édimbourg, reste méconnu. On ignore toujours l'origine et la fonction de ce mystérieux réseau souterrain. Réservation en ligne indispensable pour le découvrir.

WILL SALTER/LONELY PLANET ©

The Meadows

d'artistes locaux exposées dans les deux galeries sur place. Également : une boutique et un café. (☎0131-557 2479 ; www.edinburghprintmakers.co.uk ; Castle Mills, 1 Dundee St, EH3 9FP ; gratuit ; 10h-18h mar-dim ; 1, 34, 35, 300)

The Meadows PARC

4 PLAN P. 162, F3

Cette étendue luxuriante sillonnée d'allées boisées s'étire sur 1,5 km de long environ, sur le site d'un ancien lac aux eaux peu profondes appelé Borough Loch. Asséché dans les années 1740 et transformé en parc, c'est désormais le lieu rêvé pour un pique-nique ou une promenade – au printemps, ses allées resplendissent avec les cerisiers en fleur, et la vue sur Arthur's Seat est superbe. (Melville Dr ; tout bus vers Tollcross et South Bridge)

Craigmillar Castle CHÂTEAU

5 PLAN P. 162, H4

Pour voir une forteresse écossaise sans la foule qui envahit le château d'Édimbourg, optez pour Craigmillar ! Sa tour du XVe siècle domine deux murailles défendues par des mâchicoulis. Marie Stuart s'y réfugia après le meurtre de son secrétaire particulier, David Rizzio. C'est aussi là que l'assassinat de son mari Darnley fut décidé. Vous pourrez visiter une cellule de prison sur place. L'édifice se trouve à 4 km au sud-ouest du centre-ville. Descendez du bus dans Old Dalkeith Rd, puis parcourez 500 m dans Craigmillar Castle Rd. (HES ; www.historicenvironment.scot ;

Les Pentland Hills

Les Pentland Hills s'étirent sur 26 km au sud-ouest d'Édimbourg, près de Carnwath, dans le Lanarkshire. Culminant à 579 m à leur point le plus haut, ces collines se prêtent à de formidables randonnées pédestres, sans trop de difficultés et ponctuées de panoramas superbes. Il existe plusieurs points de départ du côté sud sur l'A702. Les bus MacEwan n^{os}100/101/102/103 circulent 4 à 7 fois par jour le long de cette route entre la gare routière d'Édimbourg et Biggar.

Craigmillar Castle Rd ; tarif plein/enfant 6/3,60 £ ; 9h30-17h30 avr-sept, 10h-16h sam-mer oct-mars ; 24, 33, 38, 42, 49)

Hermitage of Braid RÉSERVE NATURELLE

6 PLAN P. 162, C6

Dans cette vallée boisée sillonnée de sentiers au sud de Blackford Hill, bercé par le chant des oiseaux et avec le soleil filtrant entre le feuillage, on se croirait à mille lieues de la ville. Dans l'**Hermitage House** (Hermitage of Braid ; 9h-16h lun-ven, 12h-16h dim ; 5, 11, 15, 16), une belle demeure du XVIIIe siècle abritant un centre d'information sur l'histoire et la faune du vallon, ainsi que sur les sentiers de randonnée environnants. (www.facebook.com/friendsofhermitage ; 5, 11, 15, 16)

Blackford Hill PANORAMAS

7 PLAN P. 162, D6

Oasis de verdure cernée par les faubourgs sud d'Édimbourg, cette colline escarpée (164 m) offre d'agréables promenades et des panoramas splendides. Au nord, la vue embrasse le château d'Édimbourg sur son rocher, la silhouette dentelée d'Old Town, les monuments de Calton Hill et Arthur's Seat. (Charterhall Rd ; 24, 38, 41)

Se restaurer

Condita ÉCOSSAIS £££

8 PLAN P. 162, H4

Dans une ancienne boutique de Southside, ce petit restaurant intimiste, sobre et élégant, s'est imposé comme l'une des tables les plus prisées d'Édimbourg grâce à la qualité de ses plats. En 2020, il a obtenu une étoile du Michelin. Réservez le plus tôt possible pour savourer des mets de saison, souvent bio (0131-667 5777 ; www.condita.co.uk ; 15 Salisbury Pl ; menu dégustation de 8 plats 110 £ ; 19h-22h mar-sam ; tout bus vers Newington)

Locanda de Gusti

ITALIEN ££

9 PLAN P. 162, A2

Empli du brouhaha des conversations, du tintement des verres et du cliquetis des couverts, ce joyeux bistrot familial n'est pas une simple table italienne, mais un vrai petit coin de Naples à Édimbourg ! Vous y dégusterez une copieuse cuisine napolitaine préparée par Rosario, le sympathique chef cuisinier. Sur la carte, notamment : raviolis au beurre de sauge et noix de muscade, légers et savoureux, et délicieuses assiettes de fruits de mer grillés. (0131-346 8800 ; www.locandadegusti.com ; 102 Dalry Rd ; plats 14-28 £ ; 17h30-22h lun-mer, 12h30-14h et 17h30-22h jeu-sam ; ; 2, 3, 4, 25, 33, 44)

First Coast

ÉCOSSAIS ££

10 PLAN P. 162, A3

Ce bistrot de quartier prisé possède une superbe salle au lambris bleu océan et aux pierres apparentes. Sur la courte carte : des plats réconfortants, comme le jarret de porc au sirop d'érable et à la moutarde servi avec une purée d'épinards à la muscade, ou le cabillaud dans une feuille de bananier, agrémenté de citron, de basilic, d'aubergine et de pâte de crevette. Excellent menu de 2/3 plats pour le déjeuner et le dîner à 14,50/16 £. (0131-313 4404 ; www.first-coast.co.uk ; 97-101 Dalry Rd ; dîner 2/3 plats 22/26 £ ; 12h-14h et 17h-23h lun-sam ; ; 2, 3, 4, 25, 33, 44)

Union Brew Lab

CAFÉ £

11 PLAN P. 162, G2

Dans un décor composé de murs vieillis, de parquet de gymnase recyclé et de vieux tabourets de laboratoire, des étudiants équipés d'iPad se prélassent dans les fauteuils en sirotant un expresso préparé avec soin. Bonne nourriture également, avec des soupes revigorantes et des sandwichs préparés avec une baguette croustillante. En été, rafraîchissez-vous avec un café infusé à froid ! (0131-662 8963 ; www.brewlabcoffee.co.uk ; 6-8 South College St ; plats 4-6 £ ; 9h-17h30 ; ; tout bus vers South Bridge)

Edinburgh Food Studio

ÉCOSSAIS ££

12 PLAN P. 162, H3

Loin de la foule du centre, ce petit restaurant sans prétention est un "laboratoire de saveurs", qui se distingue par une cuisine délicieuse, créative et innovante. Sa carte audacieuse est sans cesse renouvelée – menu dégustation de 6 plats à midi (25 £) et de 9 plats le soir (65 £). Également : dégustations, rencontres avec des chefs invités et autres événements. (www.edinburghfoodstudio.com ; 158 Dalkeith Rd ; 12h-14h30 et 19h30-22h30 jeu-dim ; 2, 14, 30, 33)

No 1 The Grange

GASTROPUB ££

13 PLAN P. 162, H5

Ce pub gastronomique accueillant privilégie les plats classiques

Brunch au Loudon's

Le **Loudon's Cafe & Bakery** (plan p. 162, C3 ; www.loudons.co.uk ; 94b Fountainbridge ; plats 9-13 £ ; 7h30-17h lun-ven, 8h-17h sam-dim ; ; 1, 34, 35, 300) est une adresse populaire pour se détendre autour d'un brunch (jusqu'à 16h sam-dim) en feuilletant la presse du week-end. Pain bio maison et café équitable.

les plus populaires : poitrine de porc grillée au barbecue, *fish and chips*, burgers gourmands, haggis. Les plats du jour, comme la morue rôtie au fenouil et aux fèves, apportent un peu de fantaisie. Le brunch, qui inclut des gaufres au bacon et au sirop d'érable, est servi de 10h à 12h le week-end. (0131-667 2335 ; www.no1thegrange.co.uk ; 1 Grange Rd ; plats 13-20 £ ; 10h-22h30 ; 5, 42)

Söderberg (The Meadows) CAFÉ £

14 PLAN P. 162, F3

Ce café d'inspiration suédoise prépare ses propres viennoiseries et son pain, qui sert de base aux sandwichs du midi, garnis par exemple de rosbif et de salade de betterave et de câpres, ou de courge butternut rôtie avec du pesto de tomates. Le petit-déjeuner (servi jusqu'à 12h) consiste en une panière de pains avec fromage et confiture, ou un yaourt avec du granola et des fruits. (0131-228 5876 ; www.soderberg.uk ; 27 Simpson Loan ; sandwichs 5-7 £, gâteaux 3 £ ; 8h30-17h30 ; ; 23, 27, 45, 47, 300)

Kalpna INDIEN £

15 PLAN P. 162, H3

Cet excellent restaurant indien est une institution à Édimbourg. Les spécialités du Gujarat y sont à l'honneur, mais on y trouve aussi quelques plats d'autres régions du sous-continent. Généreux buffet au déjeuner (9 £), d'un très bon rapport qualité/prix. (0131-667 9890 ; www.kalpnarestaurant.com ; 2-3 St Patrick Sq ; plats 8-13 £ ; 12h-14h et 17h30-22h30 ; ; tout bus vers Newington)

Buffalo Grill STEAKS ££

16 PLAN P. 162, G2

Un sympathique grill, exigu, bruyant et toujours plein (réservez). Si les burgers et les steaks, servis avec frites et *onion rings*, sont les vedettes de la carte à l'américaine, celle-ci comprend aussi des plats de poisson et de poulet, du tempura de crevettes et quelques assiettes végétariennes. (0131-667 7427 ; www.buffalogrill.co.uk ; 12-14 Chapel St ; plats 12-29 £ ; 11h-21h30 mar-sam, 17h-21h30 dim ; ; 41, 42)

Tuk Tuk INDIEN £

17 PLAN P. 162, D3

Dans sa vaste salle aux murs décorés de vieilles affiches de

Bollywood, ce restaurant animé propose des classiques de la cuisine de rue comme le *chana puri* (curry de pois chiches et pain plat) et sa spécialité, le curry *"railway station"* (agneau sur l'os, tel qu'il est servi dans les trains indiens). Une adresse appréciée des groupes et des spectateurs du théâtre voisin. (0131-228 3322 ; www.tuktukonline.com ; 1 Leven St ; plats 5-7 £ ; 12h-22h30 dim-jeu, 12h-22h45 ven-sam ; 11, 15, 16, 23, 36, 45)

Mosque Kitchen

INDIEN £

18 PLAN P. 162, G2

Tables communes et assiettes jetables pour se régaler de délicieux curries, kébabs, *pakora* (beignets de légumes) et naans, authentiques et bon marché, servis avec un lassi ou un jus de mangue. Le restaurant, qui attire les fidèles de la mosquée, est ouvert à tous – et plaît aux étudiants. Pas d'alcool. (www.mosquekitchen.com ; 31 Nicolson Sq ; plats 5-7 £ ; 11h-20h ; ; tout bus vers South Bridge)

Prendre un verre

Bennet's Bar

PUB

19 PLAN P. 162, D3

À côté du King's Theatre (p. 172), ce pub de 1839 a conservé l'essentiel de son essence victorienne : vitraux, miroirs ouvragés, portique en bois et robinets d'eau en cuivre au comptoir. Les amateurs de whisky auront le choix entre plus d'une

Surgeons' Hall Museums (p. 164)

ROMAN BABAKIN/SHUTTERSTOCK ©

Food Festival

Durant 4 jours, l'**Edinburgh Food Festival** (www.edfoodfest.com ; George Sq Gdns, EH8 9JZ ; Jul), qui précède le Fringe, se tient dans les George Square Gardens et met la cuisine à l'honneur. Le programme est chargé : conférences, démonstrations, dégustations, stands de produits et divertissements.

centaine de variétés. (0131-229 5143 ; www.kilderkingroup.co.uk/bennets ; 8 Leven St ; 11h-1h ; tout bus vers Tollcross)

Royal Dick

MICROBRASSERIE

Les ossements d'animaux, les vitrines garnies de flacons de laboratoire et la vieille table d'opération qui décorent ce bar installé dans le Summerhall (voir 2 plan p. 162, H4) sont un clin d'œil à son passé d'école vétérinaire de l'université d'Édimbourg. Loin d'être sinistre, c'est un lieu chaleureux et accueillant. Ses ales et ses gins sont produits dans sa propre microbrasserie-distillerie ! (0131-560 1572 ; www.summerhall.co.uk/the-royal-dick ; 1 Summerhall ; 11h-20h lun-ven, 10h-19h sam-dim ; ; 41, 42)

Brauhaus

BAR

20 PLAN P. 162, D2

Ce bar assez petit – quelques chaises, une demi-douzaine de tabourets et deux canapés – a une offre ambitieuse, avec une longue liste de bières en bouteille, des plus classiques (belges, allemandes et tchèques) aux plus originales, et plus de 60 whiskies single malt. (0131-447 7721 ; 105 Lauriston Pl ; 17h-1h dim-ven, 15h-1h sam ; ; 23, 27, 45, 47)

Auld Hoose

PUB

21 PLAN P. 162, H3

Autoproclamé seul pub "alternatif" de Southside, l'Auld Hoose se montre à la hauteur de sa réputation : une décoration simple, des affiches de concert, un juke-box, un choix de *real ales* de microbrasseries écossaises peu connues, des soirées quiz (le mardi à 20h)... (0131-6682934 ; theauldhoose.co.uk ; 23-25 St Leonards St ; 12h-0h45 lun-sam, 12h30-0h45 dim ; ; 14)

Pear Tree House

PUB

22 PLAN P. 162, G2

Ce pub moderne et lumineux, qui occupe une maison du XVIIIe siècle avec cour pavée, est prisé des étudiants pour sa grande cheminée en hiver et son *beer garden* – le plus grand et le plus réputé de la ville – en été. (0131-667 7533 ; www.peartreeedinburgh.co.uk ; 38 W Nicolson St, EH8 9DD ; 11h-23h ; ; 2, 41, 42, 47)

Cloisters

PUB

23 PLAN P. 162, D3

Dans l'ancien presbytère de l'église voisine, ce pub meublé de tables et chaises en bois usées et dépareillées est aujourd'hui fréquenté par une congrégation d'étudiants, d'habitants du coin et de connaisseurs de *real ale*. La nourriture et le café y sont corrects, et il y a une cheminée agréable en hiver. (0131-221 9997 ; www.cloistersbar.com ; 26 Brougham St ; lun-sam 12h-22h, dim 12h30-22h ; 24)

Caley Sample Room

PUB

24 PLAN P. 162, A3

Ce grand pub animé et convivial propose un large choix de vins et d'excellentes *real ales*, ainsi que des spécialités de bistrot parmi les meilleures de la ville (brunch 10h-15h sam-dim). Les amateurs de sport s'y rassemblent pour regarder les matchs de foot et de rugby sur grand écran. (0131-337 7204 ; thecaleysampleroom.co.uk ; 58 Angle Park Tce ; 12h-0h lun-jeu, 12h-1h ven, 10h-1h sam, 10h-0h dim ; 4, 34, 35, 44, 300)

Canny Man's

PUB

25 PLAN P. 162, C6

Un pub merveilleusement excentrique, composé de petites pièces remplies d'antiquités et de curiosités... aussi variées que sa clientèle d'habitués. Excellente *real ale*, vieux porto, cigares cubains et succulents Bloody Mary. Les lieux sont souvent bondés : vous devrez peut-être jouer des coudes pour atteindre le bar. (0131-447 1484 ; www.facebook.com/thecannymans ; 237 Morningside Rd ; 11h-23h dim-mer, 11h-0h jeu et sam, 11h-1h ven ; ; 5, 11, 15, 16, 17, 23, 36)

Athletic Arms

PUB

26 PLAN P. 162, A3

Ce pub, qui existe depuis 1897, est surnommé le "Diggers" car les fossoyeurs (*diggers* en anglais) du cimetière situé de l'autre côté de la rue venaient jadis y étancher leur soif. Résolument traditionnel – son décor n'a guère changé en 100 ans –, il attire les buveurs de *real ale* avec sa bière locale à 80 shillings, ainsi que les fans de football et de rugby les jours de match. (Diggers ; 0131-337 3822 ; facebook.com/DiggersEdinburgh ; 1-3 Angle Park Tce ; 11h-1h ; ; 1, 34, 35)

Sortir

Summerhall

THÉÂTRE

Ancienne école vétérinaire de l'université d'Édimbourg, le Summerhall (voir 2 plan p. 162, H4) est devenu un important centre d'arts et lieu de spectacles. Ses anciennes salles (y compris un authentique amphithéâtre d'anatomie !) accueillent désormais du théâtre, de la danse, du cinéma et des spectacles humoristiques. C'est aussi l'une des principales scènes de l'**Edinburgh International Festival** (0131-473 2000 ;

www.eif.co.uk ; août-sept). Voir aussi p. 164. (0131-560 1580 ; www.summerhall.co.uk ; 1 Summerhall ; billetterie 10h-18h ; 41, 42)

Cameo

CINÉMA

27 PLAN P. 162, D3

Ce bon cinéma indépendant de 3 salles (ouvert en 1914) à l'ancienne (les sièges de la salle 1 sont immenses) propose un mélange de films commerciaux et d'art et d'essai. Consultez particulièrement le programme des nocturnes et des matinées du dimanche. (0871 902 5723 ; www.picturehouses.com/cinema/Cameo_Picturehouse ; 38 Home St ; billets 7,90-12,40 £ ; ; tout bus vers Tollcross)

Edinburgh Festival Theatre

THÉÂTRE

28 PLAN P. 162, G2

Cet édifice Art déco admirablement rénové avec une façade moderne est la principale salle de la ville pour l'opéra et la danse (classique et contemporaine). Il accueille également des comédies musicales, des concerts, du théâtre et des spectacles pour enfants. (0131-529 6000 ; www.capitaltheatres.com/festival ; 13-29 Nicolson St ; billetterie 10h-19h30 ; tout bus vers South Bridge)

King's Theatre

THÉÂTRE

29 PLAN P. 162, D3

Au programme de ce théâtre traditionnel : des comédies musicales, des drames, des comédies et des spectacles de Noël pour enfants réputés. (0131-529 6000 ; www.capitaltheatres.com/kings ; 2 Leven St ; billetterie 10h-18h ; tout bus vers Tollcross)

Shopping

Lighthouse

LIBRAIRIE

30 PLAN P. 162, G2

Une librairie indépendante engagée, qui soutient les petits éditeurs et les écrivains locaux,

Union Canal

Creusé il y a deux siècles et abandonné dans les années 1960, l'Union Canal a été restauré et rouvert à la navigation en 2002. Edinburgh Quays, son terminus du centre-ville, à Tollcross, est le point de départ de croisières sur le canal, ainsi que de promenades à pied et à vélo. Le canal s'écoule sur 50 km vers l'ouest à travers les paysages champêtres du West Lothian jusqu'à Falkirk, où il rejoint le Forth and Clyde Canal à hauteur de la Falkirk Wheel (ascenseur à bateaux rotatif). À Harrison Park, à environ 1 km au sud-ouest des Edinburgh Quays, vous trouverez un joli petit bassin où flottent des barques à louer.

ULMUS MEDIA/SHUTTERSTOCK ©

L'Union Canal

avec un grand fonds d'ouvrages politiques, gays ou féministes, ainsi que des romans et d'autres publications alternatives. (☎0131-662 9112 ; www.lighthousebookshop.com ; 43 West Nicolson St ; ⏰11h-18h lun-sam, 11h30-17h dim ; 🚌41, 42)

Backbeat

MUSIQUE

31 🔒 PLAN P. 162, H3

Les amateurs de vinyles d'occasion prendront le temps de fouiller dans l'extraordinaire collection de disques de jazz, de blues, de rock et de soul de cette petite boutique exiguë, qui vend aussi tout un tas d'objets des années 1960 et 1970. (☎0131-668 2666 ; 31 East Crosscauseway ; ⏰10h-17h30 lun-sam ; 🚌tout bus vers Newington)

Meadows Pottery

CÉRAMIQUE

32 🔒 PLAN P. 162, H4

Une petite boutique qui propose divers objets en grès colorés usuels ou décoratifs, fabriqués sur place et cuits à haute température. Si vous ne trouvez pas votre bonheur, commandez une pièce sur mesure ! (☎0131-662 4064 ; www.themeadowspottery.com ; 11a Summerhall Pl, EH9 1QE ; ⏰10h-17h lun-ven, 10h-16h30 sam ; 🚌2, 41, 42)

Vaut le détour

Rosslyn Chapel

Des années après le succès du roman de Dan Brown Da Vinci Code *et du film qu'en a tiré Hollywood, les visiteurs continuent d'affluer dans la plus belle et la plus énigmatique des chapelles d'Écosse, bâtie au milieu du XVe siècle pour William St Clair, troisième comte d'Orkney. L'intérieur, richement décoré, est un monument à la gloire de la franc-maçonnerie.*

Collegiate Church of St Matthew

www.rosslynchapel.com

Chapel Loan, Roslin

Tarif plein/enfant 9 £/gratuit

9h30-18h lun-sam et 12h-16h45 dim juin-août, 9h30-17h lun-sam et 12h-16h45 dim sept-mai

37

Pilier de l'Apprenti

Cette superbe sculpture se trouve à l'entrée de la chapelle de la Vierge (Lady Chapel). Sortant de la gueule de huit dragons, quatre branches de vigne s'enroulent autour du pilier. Au sommet figure Isaac, fils d'Abraham, sur l'autel.

Lucifer, l'ange déchu

Dans la même chapelle, à gauche de la deuxième fenêtre, un ange est ligoté la tête en bas, un symbole associé à la franc-maçonnerie. Une *Danse macabre* occupe l'arche au-dessus.

Green Man

Le bossage à la base de l'arche, entre la deuxième et la troisième fenêtre en partant de la gauche, arbore l'exemple le plus raffiné, parmi la centaine que compte la chapelle, du *Green Man* ("homme vert" ; photo ci-dessus), un symbole païen du printemps, de la fertilité et de la renaissance.

Maïs

La frise qui entoure la deuxième fenêtre du mur sud représenterait du maïs, mais elle serait pourtant antérieure à 1492, année de la découverte de l'Amérique par Christophe Colomb. D'autres sculptures évoquent l'aloe vera poussant en Afrique et en Asie.

Tête de l'Apprenti

Très haut dans l'angle sud-ouest, en dessous d'une niche vide, vous remarquerez la tête de l'apprenti du tailleur de pierre. On dit que le pilier qu'il avait réalisé était si beau que le maître maçon, jaloux, le tua. La tête abîmée sur le mur latéral à gauche représente sa mère éplorée.

Voûte

Le plafond est orné de roses, de lys et d'étoiles sculptées. Essayez de repérer le soleil et la lune.

★ À savoir

- Les photos et vidéos sont interdites à l'intérieur de la chapelle.
- Cela vaut la peine d'acheter le guide officiel du comte de Rosslyn (5 £) et de le consulter sur un banc dans le parc avant d'entrer dans la chapelle : la visite n'en sera que plus intéressante !

Une petite pause ?

Le **Coffee Shop** (Chapel Loan, Roslin, EH25 9PU ; plats 5-10 £ ; 9h30-18h lun-sam et 12h-16h45 dim juin-août, 9h30-17h lun-sam et 12h-16h45 dim sept-mai ; 37), dans le centre d'information, propose en-cas et boissons. Belle vue sur le Roslin Glen.

★ Comment y aller

Le bus Lothian n°37 vers Penicuik Deanburn relie Édimbourg (Princes St ou North Bridge) au village de Roslin (le n°37 pour Bush ne passe pas par Roslin).

E INN
NO. 18-20
THE BEEHIVE INN
EHIVE INN

Carnet pratique

Grassmarket (p. 53) JEFF WHYTE/SHUTTERSTOCK ©

Avant de partir

Hébergement

- Les hôtels et les auberges de jeunesse ne manquent pas dans Old Town et New Town ; les B&B de catégorie moyenne sont concentrés en dehors du centre d'Édimbourg, dans les secteurs de Tollcross, Bruntsfield, Newington et Pilrig.
- Si vous êtes motorisé, évitez les hébergements du centre-ville, à moins que votre hôtel ne dispose d'un parking privé : se garer relève du casse-tête.
- Les établissements de la ville affichent complet pendant les grands festivals (en août) et pour Hogmanay (Nouvel An). Pour ces périodes, réservez dès que possible : un an à l'avance ne sera pas trop !
- Pour réserver un logement à Pâques et de mi-mai à mi-septembre, mieux vaut s'y prendre au moins quelques mois à l'avance.
- Fourchettes de prix des hébergements à Édimbourg : sur la base d'une chambre double avec petit-déjeuner, comptez moins de 65 £ pour un hôtel destiné aux voyageurs avec un petit budget, de 65 à 130 £ pour un hôtel de catégorie moyenne, et plus de 130 £ pour un hôtel de catégorie supérieure.
- Si vous prévoyez de rester une semaine ou plus, il peut être intéressant d'opter pour un appartement meublé.
- Si vous n'avez pas de réservation, l'**office du tourisme d'Édimbourg** (Edinburgh iCentre ; ☎0131-473 3820 ; www.visitscotland.com/info/services/edinburgh-icentre-p234441 ; 249 High St, Royal Mile ; ⏲10h-16h30 lun-sam, 10h-16h dim oct-mars, horaires étendus avr-sept ;

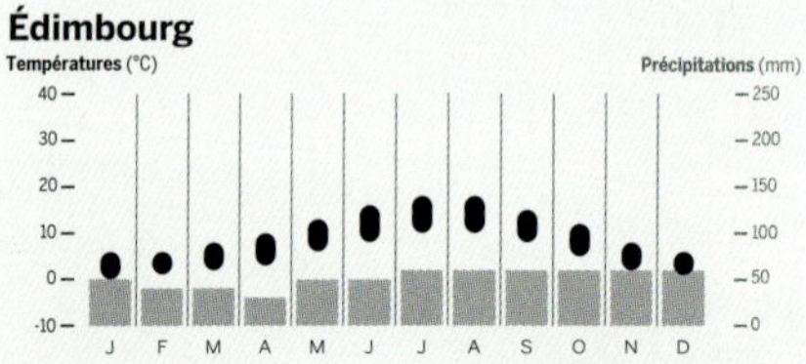

Quand partir

- **Hiver** (déc-fév). Temps froid, faible luminosité, neige occasionnelle ; rues décorées pour Noël, les festivités de Hogmanay et la Burns Night (25 jan).
- **Printemps** (mars-mai). Temps froid à doux, humide, soleil occasionnel ; la ville est en fleurs.
- **Été** (juin-août) Temps doux à chaud, pluie possible ; c'est la haute saison touristique, avec un pic en août au moment des festivals.
- **Automne** (sept-nov). Temps doux à très frais, souvent humide ; les parcs revêtent leurs habits d'automne ; les touristes sont partis.

📶 ; 🚌23, 27, 41, 42) peut essayer de vous trouver une chambre qui vous convienne (en cas de succès, le service est facturé 5 £). Si vous n'êtes pas pressé, appelez vous-même les adresses figurant sur la brochure de l'office du tourisme pour trouver une chambre.

Un fil d'Ariane en voyage

Vous êtes ressortissant français ? Pensez à vous enregistrer sur le **portail Ariane** (pastel.diplomatie.gouv.fr/fildariane) du ministère des Affaires étrangères. Ce service gratuit vous permet de recevoir des alertes si la situation le justifie. Crise politique, catastrophe naturelle, attentat... recevez en temps réel des consignes de sécurité lors de votre voyage.

Il existe une application pour les Smartphones et les tablettes, intitulée *Conseils aux voyageurs*.

Sites Internet

VisitScotland (www.visitscotland.com/destinations-maps/edinburgh/accommodation/). Le site Internet officiel du tourisme en Écosse répertorie de nombreuses adresses.

This Is Edinburgh (edinburgh.org). Un large choix d'hébergements et des offres pour le week-end.

Lonely Planet (lonelyplanet.fr). Conseils et réservations.

Petits budgets

Code – The Court (www.codehostels.com). Un hôtel moderne et chic, dans une ancienne prison d'Old Town.

Edinburgh Central Youth Hostel (www.hostellingscotland.org.uk). Établissement 5 étoiles du réseau Hostelling Scotland, proche du centre-ville.

Safestay Edinburgh (www.safestay.com/edinburgh/). Grande auberge de jeunesse lumineuse et moderne au cœur d'Old Town.

Catégorie moyenne

Sheridan Guest House (sheridanedinburgh.com). Petit havre de paix à l'abri des regards, au nord de New Town.

94DR (www.94dr.com). Superbe B&B dans une maison victorienne restaurée avec goût.

14 Hart Street (www.14hartstreet.co.uk). Élégante résidence proche des bars et restaurants de Broughton Street.

Catégorie supérieure

House of Gods (www.houseofgodshotel.com). Un hôtel de charme sublime, qui se place bien au-dessus du lot.

Southside Guest House (www.southsideguesthouse.co.uk). Une maison de ville de South Edinburgh aux allures d'hôtel haut de gamme.

Witchery by the Castle (www.thewitchery.com). Neuf suites gothiques de luxe, à l'ombre du château d'Édimbourg.

Arriver à Édimbourg

Aéroport

Le bus n°100 d'Airlink relie l'**aéroport d'Édimbourg** (Edinburgh Airport ; EDI ; 0844 448 8833 ; www.edinburghairport.com) à South St David Street, à l'extrémité est de Princes Street (aller/aller-retour 4,50/7,50 £, 30 min, ttes les 12 min 4h-1h, puis ttes les 30 min), près de la principale gare ferroviaire, en passant par Haymarket et le West End. Le tramway circule entre l'aéroport et le centre-ville (aller/aller-retour 6,50/9 £, 33 min, ttes les 6-8 min 6h15-22h45). La course en taxi entre l'aéroport et le centre-ville (20-30 min) revient à 20 £ environ.

Depuis la France

- **Air France** (3654 ; www.airfrance.fr) assure plusieurs vols quotidiens directs Paris-Édimbourg (1 heure 50, à partir de 110 € aller-retour).
- La compagnie low cost **easyJet** (www.easyjet.com) dessert Édimbourg au départ de Paris CDG (1-2 vols/jour), Lyon (1-2 vols/semaine), Nice (vols saisonniers) et Grenoble (vols saisonniers).
- **Transavia** (08 92 05 88 88 ; www.transavia.com) propose des vols saisonniers pour Édimbourg au départ de Paris Orly.

Depuis la Belgique

- **Brussels Airlines** (02 723 23 62 ; www.brusselsairlines.com) assure des vols directs quotidiens Bruxelles-Édimbourg (1 heure 40, à partir de 130 € aller-retour).
- La compagnie low cost **Ryanair** (www.ryanair.com) propose des vols directs depuis Bruxelles-Charleroi (2-5 vols/semaine).

Depuis la Suisse

- En partenariat avec **Eldelweiss Air** (www.flyedelweiss.com), **Swiss** (0848 700 700 ; www.swiss.com) propose des vols directs pour Édimbourg au départ de Zurich (2 heures 15, à partir de 330 FS aller-retour), et des vols avec escale depuis Bâle ou Genève.
- La compagnie low cost **easyJet** (www.easyjet.com) assure des vols directs pour Édimbourg depuis Genève (3-7/semaine) ou Bâle (2-7/semaine).
- **British Airways** (044 800 92 22 ; www.britishairways.com) propose des vols au départ de Bâle, Genève et Zurich avec 1 escale à Londres.

Depuis le Canada

- **Air Canada** (1 888 247 2262 ; www.aircanada.com), **British Airways** (1800 2479297 ; www.britishairways.com) et **KLM** (1 866 434 0321 ; www.klm.com) proposent des vols avec escale à destination d'Édimbourg (environ 12 heures de vol ; à partir de 900 $CA aller-retour), via Londres ou Francfort notamment.

Gare ferroviaire de Waverley

La principale gare ferroviaire d'Édimbourg se trouve au cœur de la ville, entre Old Town et

New Town. Les trains en provenance ou à destination de l'Ouest s'arrêtent aussi à la gare de Haymarket, plus pratique pour le West End.

Bus et trams sur votre mobile

L'application Transport for Edinburgh (www.tfeapp.com) donne accès aux plans des lignes, aux horaires et aux temps d'attente en temps réel pour les bus Lothian et les trams. Vous pouvez également acheter vos billets sur votre téléphone (achat minimum 4 £) grâce à l'application m-tickets.

Comment circuler

Bus

- Les horaires de passage, le plan des lignes et les tarifs sont affichés aux principaux arrêts de bus et de tram. Vous trouverez des exemplaires gratuits de la *Lothian Buses Route Map* au **Lothian Buses Travelhub** (31 Waverley Bridge, EH1 1BQ ; 9h-17h lun-sam ; tout bus vers Princes St).
- Le billet plein tarif coûte 1,80 £ (aller) ; les billets s'achètent à bord du bus. Les enfants de moins de 5 ans voyagent gratuitement ; le demi tarif (90 p) s'applique pour ceux âgés de 5 à 15 ans.
- Dans les bus Lothian, vous devez faire l'appoint au chauffeur ; en revanche, on pourra vous rendre la monnaie dans les bus First.
- Les chauffeurs des bus Lothian vendent également des billets valables pour 1 journée (4,50 £) qui donnent droit à des trajets illimités à bord des bus et des tramways (voir p. 182) du réseau Lothian dans la "City Zone" (dont ne fait pas partie l'aéroport). Un billet famille pour 1 journée (valable pour un maximum de 2 adultes et 3 enfants) vous reviendra à 9,50 £.
- Un tarif unique de 3 £ s'applique pour les bus de nuit (1/heure entre minuit et 5h).
- La Ridacard (20 £ ; en vente uniquement dans les Travelshops et non auprès des chauffeurs) donne droit à des trajets illimités pendant une semaine.
- Les demandes destinées au bureau des objets trouvés doivent être adressées en ligne (www.lothianbuses.com/lost-property).

Taxi

- Vous pouvez héler les taxis noirs d'Édimbourg dans la rue, les commander par téléphone (supplément de 80 p) ou vous rendre directement dans l'une des nombreuses stations de taxis du centre-ville.
- La prise en charge s'élève à 3 £ (4 £ la nuit) pour les premiers 450 m ; comptez ensuite 25 p par tranche de 168 m, soit entre 6 et 7 £ la course d'environ 3 km dans le centre d'Édimbourg.
- Le pourboire est facultatif. La plupart des clients n'en laissent pas pour les petites courses

et arrondissent aux 50 p supérieurs pour les courses plus longues.

Central Taxis (0131-229 2468 ; www.taxis-edinburgh.co.uk)

City Cabs (0131-228 1211 ; www.citycabs.co.uk)

Tramway

- Les tramways d'Édimbourg (www.edinburghtrams.com) circulent entre l'aéroport d'Édimbourg et York Place (en haut de Leith Walk), via Haymarket, West End et Princes Street.
- Les tickets sont les mêmes que pour les bus Lothian. Le tarif s'élève à 1,80 £ pour un trajet unique en ville et à 6,50 £ pour l'aéroport.
- Les tramways circulent toutes les 8 à 10 minutes du lundi au samedi, et toutes les 12 à 15 minutes le dimanche, de 5h30 à 23h.

Vélo

- Édimbourg possède un bon réseau de bandes et pistes cyclables.
- La plupart des magasins de vélos vendent des cartes d'itinéraires cyclables pour explorer la ville.
- **Biketrax** (0131-228 6633 ; www.biketrax.co.uk ; 11-13 Lochrin Pl, EH3 9QX ; vélo hybride/électrique à partir de 25/48 £ par jour ; 9h30-18h lun-ven, 9h30-17h30 sam, 12h-17h dim, horaires étendus avr-sept ; tout bus vers Tollcross) loue des vélos tout-terrain, de route, hybrides, pliants Brompton et électriques. Une caution par carte bancaire et une pièce d'identité avec photo sont exigées.

Voiture et moto

- Bien qu'utile pour des escapades en dehors d'Édimbourg, la voiture est plus une contrainte qu'un avantage dans le centre-ville.
- Il est interdit de stationner sur les grands axes de la ville entre 7h30 et 18h30 du lundi au samedi, et se garer dans le centre d'Édimbourg tient souvent du cauchemar.
- Le stationnement dans la rue est contrôlé par des horodateurs, du lundi au samedi de 8h30 à 18h30. Il coûte entre 2,40 et 4,90 £/heure – 30 minutes minimum et 4 heures maximum.
- Il existe de vastes parkings dans Greenside Place, New Street, Castle Terrace et Morrison Street.
- Les motos peuvent stationner gratuitement dans les espaces qui leur sont réservés dans le centre-ville
- Tous les grands loueurs possèdent des bureaux à Édimbourg. C'est notamment le cas d'**Avis** (0344-544 6059 ; www.avis.co.uk ; 24 E London St ; 8h-18h lun-ven, 8h-15h sam, 10h-14h dim ; 10,11) et d'**Europcar** (0371-384 3453 ; www.europcar.co.uk ; quai 2, gare ferroviaire de Waverley ; 7h-17h ; tout bus vers Princes St).

Infos pratiques

Ambassades et consulats

Représentations du Royaume-Uni à l'étranger

Belgique (02 287 62 11 ; www.ukinbelgium.fco.gov.uk ; av. d'Auderghem 10, 1040 Bruxelles)

Canada (☎ 613 237 1530 ; www.ukincanada.fco.gov.uk ; 80 Elgin St, Ottawa, Ontario K1P 5K7) ; **consulat général à Montréal** (☎ 514 866 5863 ; rsvp.montreal@fco.gov.uk ; 1940-2000 av. McGill College, Suite 1940, Montréal, H3A 3H3)

France (☎ 01 44 51 31 00 ; www.gov.uk/world/organisations/british-embassy-paris.fr ; 35 rue du Faubourg-Saint-Honoré, 75383 Paris Cedex 08)

Suisse (☎ 031 359 77 00 ; www.ukinswitzerland.fco.gov.uk ; Thunstrasse 50, 3005 Berne)

Consulats étrangers en Écosse

La plupart des missions diplomatiques étrangères se trouvent à Londres. Toutefois, de nombreux pays disposent aussi de consulats à Édimbourg :

Belgique (☎ 01968-679 969 ; c/o Experience Scotland Travel Services, 2 West St, Penicuik, Édimbourg EH26 9DL)

Canada (☎ 01250 870831 ; www.canadainternational.gc.ca ; canadianhonoraryconsulscotland@gmail.com)

France (☎ 0131 285 6038 ; uk.ambafrance.org ; West Parliament Square)

Suisse (☎ 0131-5589 402 ; www.eda.admin.ch/countries/united-kingdom/fr/home/representations/consulats-honoraires/consulat-general-edimbourg.html ; 11/2 Regent Terrace)

Numéros importants

Police (urgences)	☎ 999 ou 112
Police (hors urgences)	☎ 101
Pompiers	☎ 999 ou 112
Ambulance	☎ 999 ou 112

Argent

Monnaie

- La devise nationale du Royaume-Uni est la livre sterling (£).
- Il faut 100 pence (abréviation : "p") pour faire une livre.
- Il existe des billets de 5, 10, 20 et 50 £.
- Les banques écossaises émettent leurs propres billets. Ces derniers sont difficiles à échanger en dehors du Royaume-Uni : pensez à les échanger contre des billets de la Banque d'Angleterre avant votre départ.

Change

- Les bureaux de poste, qui ne facturent pas de commission, sont l'option la plus intéressante pour changer des espèces.
- Attention : les bureaux de change proposent parfois des taux avantageux, mais ils prélèvent souvent des commissions et des frais très élevés.

Distributeurs automatiques de billets (DAB)

- On trouve des DAB (*cash machines* ou *cashpoints*) à peu près partout.
- La plupart des DAB appartenant à une banque acceptent les cartes Visa, MasterCard, Amex, Cirrus, Plus et Maestro.

- Les autres DAB (notamment ceux installés dans les boutiques) prélèvent souvent une commission sur les retraits (2 £ environ).

Pourboire

Hôtels Comptez 1 £ par bagage ; le pourboire pour le ménage est entièrement à votre discrétion.

Pubs Pas de pourboire sauf en cas de service à table, auquel cas ajoutez 1 £ par tournée.

Restaurants 10% pour un service correct, jusqu'à 15% dans les restaurants plus chers. Vérifiez si l'addition comprend déjà le service (ce qui est fréquent pour les grands groupes).

Taxis Peu fréquent pour les trajets courts ; pour les longues courses, arrondissez aux 50 p supérieurs.

Carte de réduction

- Si vous prévoyez de visiter le Royal Yacht *Britannia*, le château d'Édimbourg et le palais de Holyroodhouse, le **Royal Edinburgh Ticket** (www.edinburghtour.com/royal-edinburgh-ticket ; tarif plein/enfant 55/30 £) est intéressant. Il comprend l'entrée aux trois sites, ainsi que des trajets illimités dans les bus touristiques avec montées et descentes à volonté (*hop on, hop off*).

Désagréments et dangers

- Les vendredis et samedis soir après la fermeture des pubs, l'atmosphère peut devenir un peu tumultueuse dans Lothian Road, Dalry Road et Rose Street, ainsi qu'à l'extrémité ouest de Princes Street, à l'intersection de Shandwick Place et de Queensferry Street.
- Évitez de vous promener sur Calton Hill le soir.
- À Leith, la zone située entre Salamander Street et Leith Links est un quartier chaud. À toute heure de la journée, il n'est pas rare d'y être accosté par des automobilistes, surtout lorsqu'on est une femme.

Électricité

Type G
230 V/50 Hz

Formalités et visas

- Le Royaume-Uni ne fait plus partie de l'Union européenne depuis le 31 janvier 2020.
- Pour entrer au Royaume-Uni, et donc en Écosse, les ressortissants de l'Union européenne et les Suisses doivent présenter un passeport ou une carte nationale d'identité en cours de validité. Un visa n'est pas requis pour les séjours de moins de 6 mois.
- Le permis de conduire n'est pas une pièce d'identité valable.

- Les Canadiens peuvent séjourner en Grande-Bretagne jusqu'à 6 mois sans visa. Un passeport valide pour toute la durée du séjour suffit.
- Avant le départ, contactez une représentation britannique dans votre pays pour vérifier que les modalités d'entrée sur le territoire n'ont pas changé ou consultez le site www.gov.uk/check-uk-visa.
- Nous vous conseillons de scanner ou de photocopier tous vos documents importants (pages d'introduction de votre passeport, cartes bancaires, police d'assurance, billets de train/d'avion/de bus, permis de conduire, etc.). Conservez ces copies à part des originaux. Vous remplacerez ainsi plus aisément ces documents en cas de perte ou de vol.

Handicapés

- Avec ses rues en pente, ses passages étroits, ses marches et ses pavés, Old Town représente un vrai défi pour les personnes qui circulent en fauteuil roulant.
- Les grands hôtels de construction récente et les sites touristiques modernes sont généralement accessibles. En revanche, de nombreux B&B et *guesthouses* occupent des bâtiments anciens dépourvus de rampe d'accès et d'ascenseur.
- Les bus les plus récents sont pourvus de rampe ou de marches d'accès amovibles. Mieux vaut toutefois se renseigner avant de se mettre en route. La plupart des taxis noirs sont accessibles aux personnes en fauteuil roulant.
- De nombreuses banques sont équipées de boucles d'induction destinées aux malentendants.
- Dans certains sites touristiques, on trouve des guides en braille pour les malvoyants.
- **VisitScotland** (www.visitscotland.com/accommodation/accessible) propose un guide en ligne des hébergements accessibles.
- L'**APF France handicap** (www.apf-francehandicap.org) peut fournir des informations utiles sur les voyages accessibles. **Yanous** (www.yanous.com), **Hizy** (hizy.org), **Handicap.fr** (www.handicap.fr) et **Tourisme et handicaps** (www.tourisme-handicaps.org) constituent également de bonnes sources d'information.
- Les principales plateformes d'hébergement que sont **Abritel** (www.abritel.fr), **Airbnb** (www.airbnb.fr), **Booking** (www.booking.com) et **Hotels.com** (fr.hotels.com) intègrent des critères d'accessibilité à leur moteur de recherche. Les agences de voyages **Yoola** (www.yoola.fr) et **Comptoir des Voyages** (www.comptoir.fr) organisent des voyages adaptés aux personnes à mobilité réduite.

Heures d'ouverture

Administrations 9h-17h lun-ven

Banques 9h30-16h lun-ven ; certaines agences ouvrent également de 9h30 à 13h le samedi

Pubs et bars 11h-23h lun-jeu, 11h-1h ven-sam, 12h30-23h dim

Indicatifs et tarifs téléphoniques

Indicatif du Royaume-Uni	✆44
Code d'accès international	✆00
Indicatif de la région d'Édimbourg	✆0131
Téléphones portables	Numéros en ✆07 ; 10-20 p/min depuis une ligne fixe, 3-55 p/min depuis un portable.
Appels locaux	Numéros en ✆0845 ; jusqu'à 7 p/min depuis une ligne fixe ou un portable + frais d'accès.
Appels nationaux	Numéros en ✆0870 ; jusqu'à 13 p/min depuis une ligne fixe ou un portable + frais d'accès.
Numéros surtaxés	Numéros en ✆09 ; jusqu'à 3,60 £/min depuis une ligne fixe ou un portable + frais d'accès + de 5 p-6 £/appel.

Restaurants
12h-14h30 et 18h-22h

Magasins 9h-17h30 lun-sam (nocturne le jeudi jusqu'à 20h pour certains), 11h-17h dim

Jours fériés

Nouvel An 1er janvier

New Year Bank Holiday 2 janvier

Spring Bank Holiday
2e lundi d'avril

Vendredi saint
Le vendredi précédant le dimanche de Pâques

Lundi de Pâques
Le lundi suivant le dimanche de Pâques

May Day Holiday
1er lundi du mois de mai

Noël 25 décembre

Boxing Day
26 décembre

Office du tourisme

- L'**office du tourisme d'Édimbourg** (Edinburgh iCentre ; ✆0131-473 3820 ; www.visitscotland.com/info/services/edinburgh-icentre-p234441 ; 249 High St, Royal Mile ; 10h-16h30 lun-sam, 10h-16h dim oct-mars, horaires étendus avr-sept ; ; 23, 27, 41, 42) offre de nombreux services : réservation d'hébergement, bureau de change, boutique/librairie, accès Internet, et comptoirs de vente de circuits organisés et de billets de bus Scottish Citylink.

Santé

- Pour un avis médical en urgence, vous pouvez contacter la **NHS 24 Helpline** (✆111 ; www.nhs24.scot).
- Les pharmaciens (*chemists*) vous conseilleront en cas de problèmes mineurs. L'adresse de la pharmacie de garde est affichée sur la vitrine des autres pharmacies.
- Pour une urgence dentaire, en semaine, rendez-vous à la **Chalmers Street Dental Clinic** (✆0131-536 4800 ; 3 Chalmers St ; 9h-16h45 lun-jeu, 9h-16h15 ven ; 23, 27, 35, 45, 47). Le soir et le week-end, appelez la **Lothian Dental Advice Line** (✆0131-536

4800 ; 17h-22h lun-ven, 9h-22h sam-dim).

- Les officines **Boots** (0131-225 6757 ; 48 Shandwick Pl ; 7h30-20h lun-ven, 9h-18h sam, 10h30-17h dim ; West End) pratiquent des horaires plus étendus que les autres pharmacies.
- L'**Edinburgh Royal Infirmary** (0131-536 1000 ; www.nhslothian.scot.nhs.uk ; 51 Little France Cres, Old Dalkeith Rd ; 24h/24) est le principal hôpital d'Édimbourg. Son service d'urgences fonctionne 24h/24.
- Au **Western General Hospital** (0131-537 1000 ; www.nhslothian.scot.nhs.uk ; Crewe Rd South ; 8h-21h), pour les accidents et maladies sans gravité, on peut s'adresser à la Minor Injuries Clinic sans prendre rendez-vous.

Téléphone

Appels internationaux

- Pour appeler l'étranger depuis Édimbourg, faites le 00, puis l'indicatif du pays (33 pour la France, 32 pour la Belgique, 41 pour la Suisse et 1 pour le Canada) et le numéro souhaité, sans l'éventuel 0 initial.
- Pour appeler à Édimbourg depuis l'étranger, composez le code d'accès international en vigueur dans votre pays (00 en France, en Belgique et en Suisse, 011 au Canada), suivi du 44 (indicatif du Royaume-Uni), puis de l'indicatif régional (sans le 0 initial) et du numéro de votre correspondant.
- L'indicatif téléphonique d'Édimbourg est le 0131 (il est suivi d'un numéro à 7 chiffres). Vous devez le composez lorsque vous téléphonez depuis une autre région ou pour appeler une ligne fixe depuis un téléphone portable.
- On trouve encore à Édimbourg de nombreuses cabines téléphoniques – à pièces, ou fonctionnant avec une carte téléphonique ou une carte bancaire. Les cartes téléphoniques s'achètent chez les marchands de journaux.

Téléphone portable

- Le Royaume-Uni utilise le même réseau (GSM 900/1800) que la France et le reste de l'Europe. Il n'est pas compatible avec le réseau canadien (GSM 1900). La plupart des téléphones récents fonctionnent cependant sur les deux réseaux : vérifiez avant de partir.
- Après le Brexit, plusieurs grands opérateurs français se sont engagés à continuer à ne pas appliquer de surcoût sur les appels passés depuis le Royaume-Uni – ce qui signifie que les forfaits des voyageurs fonctionnent à Édimbourg comme dans l'Union européenne. Toutefois, renseignez-vous bien sur l'évolution de la situation : en cas d'application de frais de *roaming*, la facture peut vite grimper
- La couverture 4G est excellente à Édimbourg.

Toilettes

- On trouve des toilettes publiques en ville, gratuites pour la plupart.
- Elles sont en général ouvertes de 9h à 16h (9h-20h en été).

Langue

Tout le monde peut parler une langue étrangère, le tout est d'oser ! La grammaire, au final, n'est pas essentielle pour se débrouiller sur place. Pour réserver une chambre, commander un plat ou simplement engager une conversation, voici une sélection de phrases essentielles qui vous aideront à ne pas rester muet, en toutes circonstances !

Premier contact

Bonjour.
Hello.

Au revoir.
Goodbye.

Comment allez-vous ?/ Comment vas-tu ?
How are you?

Bien, merci. Et vous ?/ Bien, merci. Et toi ?
Fine, thanks. And you?

Je m'appelle...
My name is...

Enchanté(e).
Pleased to meet you.

Voici mon compagnon/ ma compagne.
This is my partner.

À propos de vous

D'où venez-vous ?
Where are you from?

Je viens de...
I'm from...

Je suis marié(e).
I'm married.

Je suis célibataire.
I'm single.

Quel est votre/ton numéro de téléphone ?
What's your phone number?

Quelle est votre/ton adresse e-mail ?
What's your email address?

Engager la conversation

Quel est votre/ton métier ?
What's your occupation?

Je suis employé(e) de bureau.
I'm an office worker.

Je suis ouvrier/ouvrière.
I'm a manual worker.

Je suis un homme d'affaires/ Je suis une femme d'affaires.
I'm a business person.

Je suis un(e) étudiant(e).
I'm a student.

Je suis un(e) artiste.
I'm an artist.

Quel âge avez-vous ?/ Quel âge as-tu ?
How old are you?

J'ai (25) ans.
I'm (25) years old.

Aimes-tu l'art ?
Do you like art?

Aimes-tu le sport ?
Do you like sport?

Aimes-tu lire ?
Do you like reading?

Aimes-tu danser ?
Do you like dancing?

Aimes-tu voyager ?
Do you like travelling?

Sensations

J'ai faim.
I'm hungry.

J'ai froid.
I'm cold.

J'ai chaud.
I'm hot.

J'ai soif.
I'm thirsty.

Comment te sens-tu ?
Are you okay?

Transports

Est-ce le bus (pour Paris) ?
Is this the bus (to Paris)?

Est-ce l'avion (pour Paris) ?
Is this the plane (to Paris)?

Est-ce le train (pour Paris) ?
Is this the train (to Paris)?

C'est combien pour aller à… ?
How much is it to go to…?

Ce taxi est-il libre ?
Is this taxi available?

À quelle heure part-il ?
What time does it leave?

Où se trouve le centre-ville ?
Where's the city centre?

Où puis-je trouver un hôtel ?
Where's a hotel?

Où se tient le marché ?
Where's the market?

Hébergement

Où puis-je trouver un terrain de camping ?
Where's the camping ground?

Pouvez-vous me recommander un logement pas cher ?
Can you recommend somewhere cheap?

Pouvez-vous me recommander un logement de qualité ?
Can you recommend somewhere good?

Quel est le prix par nuit ?
How much is it per night?

Je voudrais réserver une chambre, s'il vous plaît.
I'd like to book a room, please.

Achats

Où est le supermarché ?
Where's the supermarket?

Où puis-je trouver une banque ?
Where's the bank?

Où puis-je acheter… ?
Where can I buy…?

Est-ce que je peux le voir ?
Can I look at it?

Quel est votre meilleur prix ?
What's your lowest price?

Pouvez-vous écrire le prix ?
Can you write down the price?

Puis-je avoir un reçu, s'il vous plaît.
I'd like a receipt, please.

Sortir

J'aimerais aller au cinéma.
I feel like going to the movies.

J'aimerais aller au théâtre.
I feel like going to the theatre.

J'aimerais aller à un concert.
I feel like going to a concert.

Où y a-t-il des discothèques ?
Where can I find clubs?

Où y a-t-il des boîtes gays ?
Where can I find gay venues?

Où y a-t-il des pubs ?
Where can I find pubs?

Visites touristiques

Quand a lieu la prochaine excursion à la journée ?
When's the next day trip?

L'excursion dure combien de temps ?
How long is the tour?

L'entrée est-elle comprise dans le prix ?
Is the admission charge included?

À quelle heure doit-on rentrer ?
What time should we be back?

Où se restaurer/ prendre un verre

Pouvez-vous me conseiller un restaurant ?
Can you recommend a restaurant?

Pouvez-vous me conseiller un café ?
Can you recommend a cafe?

Servez-vous des plats végétariens ?
Do you have vegetarian food?

Y a-t-il un restaurant végétarien par ici ?
Is there a vegetarian restaurant near here?

Je voudrais une table pour (cinq) personnes, s'il vous plaît.
I'd like a table for (five), please.

Y a-t-il un espace fumeurs ?
Is there a smoking area?

Pouvez-vous me conseiller un bar ?
Can you recommend a bar?

Faire ses courses

Combien coûte (un kilo) ?
How much is (a kilo)?

J'en voudrais (200) grammes.
I'd like (two hundred) grams.

J'en voudrais (6) tranches.
I'd like (six) slices.

Quelle est la spécialité locale ?
What's the local speciality?

Commander à manger/ à boire

Puis-je avoir la carte des boissons, s'il vous plaît ?
I'd like to see the drinks list, please.

Puis-je avoir le menu, s'il vous plaît ?
I'd like the menu, please.

Qu'est-ce que vous me conseillez ?
What would you recommend?

Un café (avec du lait).
A cup of coffee (with milk).

Un thé (avec du lait).
A cup of tea (with milk).

L'addition, s'il vous plaît.
I'd like the bill, please.

Au bar

Qu'est-ce que vous désirez ?
What would you like?

Je vous offre un verre.
I'll buy you a drink.

Une bière.
A glass of beer.

Un verre de vin blanc.
A glass of white wine.

Un verre de vin rouge.
A glass of red wine.

Champagne.
Champagne.

Santé !
Cheers!

Santé

Au secours !
Help!

J'ai besoin d'un médecin qui parle français.
I need a doctor who speaks French.

Est-ce que je peux voir une femme médecin ?
Could I see a female doctor?

Je n'ai plus de médicaments.
I've run out of my medication.

Où y a-t-il un dentiste par ici ?
Where's the nearest dentist?

Où est l'hôpital le plus proche ?
Where's the nearest hospital?

Où y a-t-il une pharmacie de garde par ici ?
Where's a night pharmacy?

En coulisses

Vos réactions ?

Vos commentaires nous sont très précieux pour améliorer nos guides. Notre équipe lit vos lettres avec la plus grande attention et prend en compte vos remarques pour les prochaines mises à jour. Pour nous faire part de vos réactions, prendre connaissance de notre catalogue et vous abonner à notre newsletter, consultez notre site Internet : **www.lonelyplanet.fr**

Nous reprenons parfois des extraits de ce courrier pour les publier dans nos guides ou sites web. Si vous ne souhaitez pas que vos commentaires soient repris ou que votre nom apparaisse, merci de le préciser. Notre politique de confidentialité est disponible sur notre site Internet.

Un mot de l'auteur

Merci au sympathique et efficace personnel de l'office du tourisme d'Édimbourg, à Dona Milne, Alastair Short, Brendan Bolland, Jenny Neil, Tom et Christine Duffin, et Steve Hall, ainsi que, comme toujours, à Carol Downie. Merci également à Sandie Kestell et à toute l'équipe éditoriale de Lonely Planet.

Crédits photographiques

Couverture : Coucher de soleil sur les falaises rocheuses de Salisbury Crags à Holyrood Park, Andrew Merry/Getty Images ©

Page 36 : Stephen Bridger/ shutterstock ©
Page 37 : (haut) Richie Chan/ Shutterstock ©
(bas) Westend61/Getty Images ©

À propos de cet ouvrage

Cette 5e édition du guide *Édimbourg en quelques jours* est la traduction-adaptation de la 6e édition du guide *Pocket Edinburgh*, rédigée par Neil Wilson, qui avait également signé les deux précédentes éditions.

Traduction Cécile Giroldi

Direction éditoriale Didier Férat

Responsable éditorial Dominique Bovet

Responsable prépresse Jean-Noël Doan

Adaptation française Marie Thureau

Maquette Sébastienne Ocampo

Cartographie Cartes originales adaptées par Nicolas Chauveau

Couverture Adaptée par Laurent Briard pour la version française

Merci à Olympe Richez pour la préparation du manuscrit et à Christiane Mouttet pour sa relecture attentive.

Index

Voir aussi les index des rubriques :
Se restaurer p. 195
Prendre un verre p. 196
Sortir p. 196
Shopping p. 196
Se loger p. 197

Références des **sites**
Références des **plans**

Se restaurer

Prendre un verre

A

B

C

E-G

H-J

K-M

N-P

R-S

T

Sortir

B-C

E-F

H-M

R-S

T-W

Shopping

A-B

C-D

E-G

H-J

Références des **sites**
Références des **plans**

L'auteur

Neil Wilson

Neil est né en Écosse et y a passé presque toute sa vie. Il habite dans le Perthshire, où il vit de sa plume depuis 1988. Il a contribué à plus de 80 guides pour divers éditeurs. Pour Lonely Planet, il a notamment participé à des guides consacrés à l'Écosse, à l'Angleterre, à l'Irlande et à Prague. Amoureux de la nature depuis son plus jeune âge, Neil pratique la randonnée, le VTT, la voile, le snowboard et l'escalade. Il est par ailleurs moniteur de pêche à la mouche certifié ! Il a parcouru quatre continents par monts et par vaux, ce qui lui a permis de gravir le djebel Toukbal au Maroc, le mont Kinabalu à Bornéo, l'Old Man of Hoy dans les Orcades, la face nord-ouest du Half Dome dans la vallée de Yosemite en Californie...

Édimbourg en quelques jours
5e édition
Traduit et adapté de l'ouvrage *Pocket Edinburgh, 6th edition, August 2021*

© Lonely Planet Global Limited 2021
© Lonely Planet et Édi8 2021
92 avenue de France - 75013 Paris

© Photographes comme indiqué 2021

Dépôt légal Juin 2021
ISBN 978-2-81619-329-9

Imprimé par L.E.G.O. Spa (Legatoria Editoriale Giovanni Olivotto), Italie

Bien que les auteurs et Lonely Planet aient préparé ce guide avec tout le soin nécessaire, nous ne pouvons garantir l'exhaustivité ni l'exactitude du contenu. Lonely Planet ne pourra être tenu responsable des dommages que pourraient subir les personnes utilisant cet ouvrage.

En Voyage Éditions | un département édi8

Tous droits de traduction ou d'adaptation, même partiels, réservés pour tous pays. Aucune partie de ce livre ne peut être copiée, enregistrée dans un système de recherches documentaires ou de base de données, transmise sous quelque forme que ce soit, par des moyens audiovisuels, électroniques ou mécaniques, achetée, louée ou prêtée sans l'autorisation écrite de l'éditeur, à l'exception de brefs extraits utilisés dans le cadre d'une étude.

Lonely Planet et le logo de Lonely Planet sont des marques déposées de Lonely Planet Global Limited.

Lonely Planet n'a cédé aucun droit d'utilisation commerciale de son nom ou de son logo à quiconque, ni hôtel ni restaurant ni boutique ni agence de voyages. En cas d'utilisation frauduleuse, merci de nous en informer : www.lonelyplanet.fr